Stephanie Moravcik

99 Tipps

Konflikte souverän lösen

Cornelsen

Stephanie Moravcik ist Beratungslehrerin und unterrichtet an einer Mittelschule in den Jahrgangsstufen 7 bis 9. Als Beratungslehrkraft unterstützt und berät sie Eltern, Schüler, Kollegen und die Schulleitung, hält themenspezifische Informationsabende und ist als Referentin u. a. in der Beratungslehrerausbildung tätig.

Projektleitung: Franziska Wittwer, Berlin
Redaktion: Daniela Brunner, Korschenbroich
Illustration: Kristina Wiedemann, Berlin
Umschlagkonzept: Jule Kienecker, Berlin
Umschlaggestaltung: LemmeDESIGN, Berlin
Layout/technische Umsetzung: Julia Walch, Bad Soden
Die Reihenkonzeption wurde von Cornelia Colditz und Claudia Kahlenberg im Rahmen eines studentischen Wettbewerbs im Studiengang Verlagsherstellung an der HTWK Leipzig (www.verlagsherstellung.de) unter Leitung von Julia Walch, Bad Soden, entwickelt.

www.cornelsen.de

1. Auflage 2015

Druck: CPI Clausen & Bosse, Leck

ISBN 978-3-589-23361-8

Inhalt gedruckt auf säurefreiem Papier aus nachhaltiger Forstwirtschaft.

Inhaltsverzeichnis

Grundlegende Einschätzung von Konflikten

Voraussetzung für Konfliktbewältigung ist innere Ausgeglichenheit

Präventives Handeln allgemein

Präventive Maßnahmen im Klassenzimmer/ mit Schülern

Präventive Elternarbeit

Präventiver Umgang mit Kollegen

Prävention im Umgang mit Vorgesetzten

Lehrerzentrierte und kooperative Intervention

Konflikthandhabung nach F. Glasl (2002): Alltagsbeispiele

Das Konfliktgespräch

Kritikgespräch

Strategien für Konfliktgespräche

Vorwort

Als Lehrkraft, ganz gleich welcher Schulart, kommunizieren wir viel und mit unterschiedlichen Menschen. Wir tauschen uns mit unseren Kollegen aus, führen Gespräche mit Vorgesetzten, sprechen mit Eltern und mit außerschulischen Partnern. Wir vermitteln unseren Schülern Inhalte und finden dafür meist die richtigen Worte, sodass die Inhalte auch bei den Lernenden ankommen. Wir unterhalten uns mit unseren Schülern, wir diskutieren mit ihnen, wir leiten sie an und wir besprechen Abläufe und Vorgehensweisen. Bei so viel intensiver Kommunikation können Missverständnisse und Konflikte natürlich nicht ausbleiben.
Oh, das Reizwort Konflikte! Wir verbinden damit u. a. frustrierte Kommentare, eine anklagende Sprache und Angriffe auf unsere Person. Regelmäßig kommen Fragen auf, wie z. B.: „Wie verhalte ich mich in einem Konflikt, welche Worte wähle ich, wie weit lasse ich Angriffe zu, darf ich explodieren und wie bereite ich mich auf ein Konfliktgespräch angemessen und für mich passend vor?" Häufig sehen wir uns emotional belastet und brauchen irrsinnig viel Energie für eine Konfliktsituation. Zurück bleibt der Ärger über die andere, aber vor allem über die eigene Person und über das Unvermögen, wieder einmal nicht in der Lage gewesen zu sein, eine zufriedenstellende Lösung zu finden.
Wir tragen kaum positive Gefühle in uns, wenn es um das Thema ‚Konflikte' geht. In erster Linie liegt das daran, dass wir nicht gut genug informiert sind, was den Umgang mit Konflikten angeht und wozu Konflikte gut sein können. Das ist verständlich, denn es gibt unendlich viel Literatur dazu und da die richtige zu finden, mit der man auch im Alltag klarkommt, kostet viel Zeit und bedeutet zusätzliche Arbeit. Genau aus diesem Grund möchte ich Ihnen hier die Möglichkeit geben, Ihr Bedürfnis nach einem veränderten Umgang mit Konflikten unkompliziert und praxisnah stillen zu können. Ich werde Ihnen aufzeigen, wie man Konflikte, die zu unnötigen Reibungsverlusten führen, vermeiden kann, indem man bewusst an sich selbst arbeitet und sein Verhal-

ten und dessen Wirkung auf andere reflektiert. Sie finden heraus, welche Form der Kommunikation oder welche Verhaltensweisen besonders häufig zu Missverständnissen oder gar Konflikten führen und erhalten Tipps, diese künftig zu umgehen. Sie erfahren, wie Sie Konflikte grundlegend einschätzen können, wie Sie mit Ihrer eigenen Vielfältigkeit zurechtkommen und auch, wie Sie Ihr Gegenüber in emotionsgeladenen Situationen deuten und die Situation gegebenenfalls entschärfen können. Ich biete Ihnen Strategien für Konfliktgespräche an, die Sie so direkt im Alltag umsetzen können.

Mein Anliegen ist es, ein Grundverständnis für Konflikte anzubahnen, Ihnen die positiven Seiten eines Konflikts vor Augen zu führen und Ihnen Werkzeug für einen erfolgreichen und kraftsparenden Umgang mit Konflikten an die Hand zu geben. Eine schnelle Umsetzung und die Anwendbarkeit im Unterrichtsalltag stehen dabei natürlich im Vordergrund. Sie werden sehen, dass sich diese Arbeit für Sie und alle Menschen, mit denen Sie umgehen, mehr als auszahlt und Sie gestärkt und präventiv im Unterrichtsalltag durchstarten können.

Ich hoffe, dass Sie mithilfe dieses Buches Konflikte künftig auch als Chance sehen werden.

Viel Erfolg und kollegiale Grüße!

Ihre
Stephanie Moravcik

PS: Aus Gründen der besseren Lesbarkeit wird in diesem Buch durchgehend die männliche grammatische Form verwendet. Natürlich sind damit auch immer Frauen und Mädchen gemeint, also Lehrerinnen, Schülerinnen usw.

10 Top-Tipps ... Die Lieblingstipps der Autorin!

1 Konflikte als Grundtatsache akzeptieren

Friedrich Glasl (2002) stellt fest: „Allen sozialen Konflikten liegen immer Differenzen zugrunde – aber nicht alle Differenzen sind schon Konflikte." Jeder Mensch nimmt Dinge unterschiedlich wahr, hat eigene Vorstellungen und Erwartungen und geht mit Personen und Situationen so um, wie es seinem Charakter, seiner Persönlichkeit und seiner Einstellung entspricht. Deshalb ist es absolut natürlich, Differenzen zu haben. Das ist grundlegend wichtig. Wenn uns also daran gelegen ist, ein intensives und ‚echtes' Miteinander zu erleben, ist es notwendig, solche Differenzen oder Konflikte zuzulassen und diese als Grundtatsache unseres Lebens zu akzeptieren.

Konflikte zulassen

Um die Ecke gedacht

Der Anspruch, den wir im Privaten an eine Beziehung stellen, ist sicher ein anderer, als in unserer Profession – jedoch es bleibt ein Beziehungsanspruch! Das bedeutet, dass wir in der Schule ebenso Beziehungen pflegen wie daheim, nur auf einer anderen Ebene. Die Gemeinsamkeit dabei ist, dass man sich ehrlich einbringen muss, auch kritisch, wenn eine Beziehung dauerhaft funktionieren soll. Sehen Sie dies als Grundlage für Ihr Verständnis für Differenzen und Konflikte, denn nur wenn sich Menschen in ihrer Unterschiedlichkeit aufeinander einlassen, klar äußern, was sie selbst brauchen und Wünsche aussprechen, können sie gemeinsam daran arbeiten, dass Beziehung, ganz gleich ob professionell oder emotional, möglich wird.

Achtung!

Wenn Sie mit Ihren Schülern, deren Eltern, Ihren Kollegen und Vorgesetzten intensiv und produktiv zusammenarbeiten wollen, brauchen Sie dafür die Einsicht, dass Differenzen und Konflikte eine notwendige Grundlage für Ihr gemeinsames Weiterkommen und Wachsen darstellen.

Durch das Äußern unterschiedlicher Ansichten und Erwartungen nähern Sie sich an, auch mit Reibung und erleben so die Möglichkeit, dass alle Beteiligten weiter an einem Zusammenwirken interessiert sind. Ohne diese aufreibende Interaktion bleibt Ihnen nur ein fremdbestimmtes und oberflächliches Wirken, das von einer Beziehung weit entfernt ist.

aufreibende Interaktion

2 Konflikte als Chance sehen

Wir sollten versuchen, Konflikte als Chance und nicht als „lästiges Übel" zu sehen. Als Chance deshalb, weil wir mit Konflikten z. B. Neuerungen durchsetzen können. Wir können damit Prozesse korrigieren, Verhaltensweisen ändern, uns in andere Personen hineinversetzen und von unseren vorgefertigten Vorstellungen abweichen. Wer versucht, konfliktfrei durch das Leben zu gehen, der wird Zeit seines Lebens nur oberflächliche Bekanntschaften haben und nie erfahren, was eine, „echte" Freundschaft oder Beziehung (auch beruflich) ausmacht und bewirkt. Wer immer versucht, Konflikte zu vermeiden, indem er darauf verzichtet, seinen Standpunkt klarzumachen, wird stets den ‚Kürzeren' ziehen und nie zufrieden sein können. Konflikte befruchten die gegensätzlichen Seiten und bieten immer die Chance für Veränderung. Nur so bleiben wir aktiv und offen für andere.

Neuerungen durchsetzen

Konflikte befruchten

Gleich mal ausprobieren

Denken Sie darüber nach, in welchen Bereichen Ihres Schullebens Sie gerne etwas verändern möchten, dies aber bisher noch nicht angegangen sind, weil Sie dadurch Konfrontationen befürchten. Überlegen Sie als Nächstes, wie wichtig Ihnen die Veränderungen sind und erstellen Sie eine Prioritätenliste. Die Bereiche, die Sie nicht so sehr beschäftigen, dürfen Sie beruhigt vertagen. Die anderen aber sollten Sie um Ihrer selbst willen zeitnah ansprechen und Veränderungsvorschläge bringen, bevor Sie zu viel negative Energie brauchen, um weiterhin damit klarzukommen. Formulieren Sie Ihre Bedürfnisse sachlich und aus Ihrer Perspektive und schlagen Sie Alternativen vor. Wenn Sie weiter schweigen, ändert sich nichts, nur Ihre Motivation!

3 So entstehen Konflikte

Konflikte entstehen sowohl im Inneren einer Person als auch zwischen Einzelpersonen oder Gruppen. Gründe für das Auftreten von Konflikten liegen dabei teilweise in dem Individuum selbst oder z. B. in den Rahmenbedingungen der Arbeit. Ist eine Person in ihrem Inneren nicht gefestigt, d. h., ist sie sich selbst nicht im Klaren darüber, was sie braucht, dann wird diese Person auch Schwierigkeiten damit haben, sich klar und unmissverständlich zu äußern. Antworten Sie z. B. auf die Frage: „*Kannst du mir morgen Nachmittag helfen, mein Zimmer zu streichen?*“, so: „*Morgen Nachmittag, ja, weißt du, eigentlich wollte ich …, aber ich könnte auch …, oder vielleicht doch besser …, bin tatsächlich echt …*“, besteht die große Gefahr, dass Ihr Gegenüber selektiv zuhört und gegebenenfalls nur das „*Ja*“ versteht! Sicher wäre das nicht Ihre geplante Antwort gewesen, sonst hätten Sie gleich mit „*Ja*“ geantwortet. So eine innere Unsicherheit strahlt auf das Gegenüber aus und erlaubt ihm unbewusst, Ihre Antwort auf seine Art zu interpretieren. Das führt eindeutig zu Missverständnissen.

innere Unsicherheit führt zu Missverständnissen

Unter Rahmenbedingungen fallen affektive Zustände wie Stress, Spannung, Feindseligkeit, Angst, Überforderung oder Unzufriedenheit und auch kognitive Zustände wie die Wahrnehmung oder das Bewusstsein von Konfliktsituationen der betroffenen Individuen als Komponenten sozialer Konflikte. Rahmenbedingungen sind z. B. knappe Ressourcen (viele Schüler – wenige Lehrer; viel Differenzierung – wenig Material usw.), unterschiedliche Sichtweisen von

Strategien und unflexible Regeln und Verhaltensvorschriften, die sich nicht immer mit dem decken, was realistisch gebraucht wird. Bitte sehen Sie diese Gründe nur als eine Auswahl an, die für jeden von uns nachvollziehbar ist. Natürlich gibt es noch viel mehr Auslöser für Konflikte, nach Person und Umfeld spezifiziert, auf diese einzugehen, würde hier aber zu weit führen.

Um also effektiv mit einem Konflikt umzugehen, hilft es uns sehr, einschätzen zu können, wie der Konflikt überhaupt entstanden ist. Diese Bewusstmachung bringt uns auf die sogenannte Sachebene zurück und macht es uns möglich, den Konflikt als Chance zur Veränderung zu nutzen und uns nicht persönlich zu belasten.

Konflikte einschätzen

Gleich mal ausprobieren

Rufen Sie sich Ihren letzten Konflikt ins Gedächtnis und eruieren Sie nun im Nachhinein, was der eigentliche Auslöser dieses Konflikts war. Lassen Sie dabei Ihre aufkommenden Emotionen so gut wie möglich zurück und erörtern sachlich, worum es den Konfliktparteien ging (wenn es ein Konflikt war, den Sie mit sich selbst austrugen, gilt die gleiche Vorgehensweise). Anschließend wägen Sie ehrlich ab, ob der Konflikt nicht hätte vermieden werden können, wenn Sie diese Suche nach dem Auslöser bereits früher gestartet hätten. Nehmen Sie sich nun vor, beim nächsten angehenden Konflikt sich gleich auf die Suche nach der Ursache zu begeben, um so dazu in der Lage zu sein, das aufgetretene Problem ohne persönliche Belastung sachlich zu klären.

4 Konfliktphasen erkennen

Wenn es uns nicht gelingt, einen Konflikt zu vermeiden, stellt das Erkennen der beiden Konfliktphasen einen wesentlichen Bestandteil des angemessenen Umgangs mit dem Konflikt dar. Wir handeln eine Konfliktsituation besser, wenn wir wissen, in welcher Phase wir uns befinden.

zwei Phasen der Auseinandersetzung

Nach Schulz von Thun (2014) können wir zwei Phasen der Auseinandersetzung unterscheiden:

Ausbruchphase

Die Ausbruchsphase dient in der Regel der Affektentladung, d. h. Wut, Ärger und Entrüstung werden meist in der Konfrontationssprache an das Gegenüber herangetragen. Die Konfrontationssprache ist geprägt von „Du-Botschaften" wie z. B.: „... *du immer mit deiner ewigen ...*" oder „Ich-NICHT Botschaften" wie z. B.: „*Ich bin doch nicht dein ...*" oder auch Appellen wie z. B.: „*Kannst du nicht endlich mal ...*" In dieser Phase fallen schon auch mal beleidigende Worte oder sogar Ausdrücke, die uns persönlich verletzen und bewirken, dass wir auf unser Gegenüber richtig sauer sind. Das kostet viel Kraft, wühlt uns auf und beschäftigt uns nicht selten mehrere Tage. Es ist also eine große Herausforderung, diese Phase zuzulassen und auszuhalten (Tipp 5).

› Tipp 5

Klärungsphase

Dieser Phase folgt in der Regel die Klärungsphase, die dazu dienen soll, sich den aufgekommenen Gefühlen zu stellen und zu einem passend gewählten Zeitpunkt zu einer Klärung zu gelangen. Grundvoraussetzung für das Zustandekommen der Klärungsphase ist der ernsthafte Wille, weiterhin mit der betroffenen Person/den betroffenen Personen in echtem Kontakt zu stehen. Machen wir uns bewusst, dass der anstrengenden Ausbruchsphase auch eine Klärungsphase folgen kann, so halten wir den Ausbruch sicher leichter aus und ermöglichen es uns, uns mehr auf das Bereinigen der Unstimmigkeiten zu konzentrieren (Tipp 6).

› Tipp 6

5 Mit der Ausbruchphase umgehen

Diese Phase wird von den Beteiligten als sehr unangenehm empfunden, kann aber als reinigendes Gewitter auch sehr nützlich sein. Man grenzt sich so nach außen ab und gibt unmissverständlich Veränderungswünsche preis. Dabei steht eindeutig der Transport eines Gefühls oder Bedürfnisses im Vordergrund, nicht eine sachliche Formulierung. Das bewirkt eine entgiftende Gefühlsentlastung nach innen.

Das muss man grundlegend erst mal akzeptieren. Dann sollten wir uns klarmachen, dass die Konfrontationssprache die einzige Möglichkeit darstellt, in einer solch emotionalen Situation alles an- und auszusprechen, was einen belastet. Wir können viel besser damit umgehen, wenn wir uns bewusst machen, dass der Ausbruch deshalb zustande kommt, weil wir meist mit den beteiligten Personen in einer aktiven Art von Beziehung stehen. Wir sind uns also bis zu einem gewissen Grad wichtig. Darin können wir unsere Chance sehen, aus der Ausbruchsphase auch etwas Produktives mitzunehmen. Versuchen Sie, nach erster Entrüstung, wertvolles Rohmaterial für die Klärungsphase zu gewinnen, d. h., hören Sie zwischen den anklagenden Worten auf die Wünsche, die Ihr Gegenüber vorbringt. Das kann natürlich nur gelingen, wenn Sie dieses Vorwissen besitzen und bereit sind, sich persönlich etwas zurückzunehmen. Klar ist, dass das nicht immer gelingen kann und vor allem in einer Beziehung ist dieses Vorgehen schwierig, weil man selbst sehr stark emotional verwickelt ist. Im Schulalltag dagegen funktioniert diese Methode, nach einiger Übung, recht gut.

Konfrontationssprache

Rohmaterial für die Klärungsphase

Gleich mal ausprobieren

Denken Sie an einen beruflichen Streit, in den Sie erst kürzlich verwickelt waren. Machen Sie sich noch einmal die anklagende Sprache bewusst und versuchen Sie, daraus nur Essenzielles für die Klärungsphase herauszufischen. Gehen Sie den Schlagabtausch in Gedanken durch und notieren Sie sich nur wichtige Fakten. Hat die Klärungsphase noch nicht stattgefunden, so haben Sie eine Sammlung von Punkten, die es gilt, in dem klärenden Gespräch aufzuarbeiten. Ist das Gespräch bereits gewesen, so können Sie überprüfen, ob Sie wirklich an alle Inhalte gedacht haben.

6 Die Klärungsphase zulassen

Grundlegend gilt, der Zeitpunkt für ein klärendes Gespräch sollte so zeitnah wie möglich gewählt werden. Verstreicht zu viel Zeit, wird es immer schwieriger, zu einer für beide Seiten akzeptablen Lösung zu kommen. Die Gefahr, dass eine bleibende Kluft zwischen den Partnern bleibt, ist dann sehr groß. Für die Klärungsphase ist es sehr wichtig, dass die Klärung eine reale Chance bekommt. Sie müssen die Möglichkeit zu einer fairen Konfliktkultur schaffen, d. h., jeder erhält seine Sprechzeit, darf ausreden und wird gehört. Unbedingt unterlassen sollte man in dieser Phase eine Kultur der Vermeidung. Darunter ist zu verstehen, dass man sich zwar das anhört, was das Gegenüber zu sagen hat, aber nicht seinen eigenen Standpunkt klarmacht. Ebenso unangebracht ist es, den anderen fertigzumachen, indem man ihm alles, womit man nicht einverstanden ist, an den Kopf wirft, wenn er doch schon einmal da ist. In der Klärungsphase können Sie nur gewinnen, wenn Sie die innere Bereitschaft zur Klärung mitbringen und wenn Sie ernsthaft daran interessiert sind, die Beziehung (egal welcher Art) weiterzuführen. Das gilt natürlich auch für Beziehungen, in denen Sie untergeben sind, es aber wichtig für Sie ist, dass dieser professionelle Kontakt intakt bleibt. Die Frage, wer die Einladung zu einem solchen Gespräch aussprechen sollte, ist schnell beantwortet: Haben Sie einen großen Leidensdruck aufgrund der Ausbruchsphase, dann laden Sie ein. Besitzen Sie die größere innere Souveränität (weil Sie sich mit dem Thema ‚Konflikte' intensiv beschäftigt haben), dann sind Sie ebenfalls in der Position, einzuladen. Schaffen Sie die Rahmenbedingungen für ein gutes Gespräch (ruhiger Ort, genügend Zeit usw.). Planen Sie das Gespräch und machen Sie sich klar, was Sie ansprechen und erreichen wollen. Seien Sie offen, bringen Sie alle aktuellen Unklarheiten auf den Tisch und achten Sie auf die Einhaltung der Fairness.

faire Konfliktkultur

innere Bereitschaft zur Klärung

Gespräch planen

7 Konfliktart identifizieren

Um Konflikte leichter und effektiver zu bewältigen, ist es hilfreich, wenn wir Konflikte unterscheiden können. Wir machen uns bewusst, um was eigentlich gestritten wird und was es zu lösen gilt. Mithilfe des Kommunikationsquadrates von Schulz von Thun gelingt eine diagnostische Identifizierung (2014, 24):
Sachkonflikte (Tipp 8), Beziehungskonflikte (Tipp 10), Bedürfniskonflikte (Tipp 9), Innerer Konflikt (Tipp 11).

Kommunikationsquadrat zur Identifizierung

› Tipp 8 – 11

Eine solche Einteilung ordnet nicht nur, sondern deutet auch schon die Interventionsrichtung an, also was getan werden kann, um eine Klärung zu erreichen. Wenn wir dem Konflikt einen Namen geben können, fällt auch der Umgang damit leichter.

Um die Ecke gedacht

Als Lehrer sind wir unendlich vielen Äußerungen ausgesetzt. Jedes Mal, wenn ein Schüler, ein Kollege, ein Vorgesetzter oder Eltern etwas zu uns sagen, hören wir (nach Schulz von Thun) mit „vier Ohren“!
Wir haben also die Möglichkeit, eine Nachricht mit unserem *Sachohr* aufzunehmen, das bedeutet, wir hören mit Sachverständnis zu. Genauso können wir die Nachricht

„vier Ohren“

mit dem *Beziehungsohr* hören und uns deshalb persönlich betroffen fühlen. Unser drittes Ohr ist das *Selbstkundgabeohr*, welches uns stets zu einer persönlichen Diagnostik veranlasst, ganz gleich, was unser Gesprächspartner uns mitteilt. Das vierte Ohr, das sogenannte *Appellohr*, verursacht bei uns einen gespürten Appelldruck, das heißt, wir hören in jeder Mitteilung eine Aufforderung, die unser Gegenüber an uns stellt, selbst wenn dies so gar nicht gewollt ist.
Analysieren Sie deshalb in Gesprächen immer wieder, welches „Ohr" bei Ihnen besonders ausgeprägt ist und versuchen Sie bewusst, die anderen „Ohren" miteinzuschalten.

Gleich mal ausprobieren

Beispiel (vgl. Schulz von Thun 2011, Bd. 3, 53): Der Rektor sagt im Lehrerzimmer mit einigermaßen freundlicher Stimme zum neuen Junglehrer: *„In Ihrer Klasse ging es ja hoch her in der letzten Stunde!"*
Versuchen Sie nun, die Aussage in den Sachinhalt, die Selbstkundgabe, die Beziehungsbotschaft und in den Appell zu entschlüsseln! Nehmen Sie dazu das Kommunikationsquadrat zur Hilfe. Lesen Sie die folgende Lösung erst, wenn Sie sich der Aufgabe ernsthaft gewidmet haben!

Lösung: In diesem Fall hatte der Sender (Rektor) selbst ein gewisses Durcheinander in seiner Brust, was zu einer unklaren oder doppeldeutigen Äußerung führte.
Die **Sachebene** ist schnell entschlüsselt: → Lautstärke und Turbulenz im Klassenzimmer bis außen feststellbar.
Bei der **Selbstkundgabe** wird es schon schwierig: → steckt Entsetzen dahinter?
Wie lautet die **Beziehungsbotschaft**? → Kritik oder Anerkennung („Mann, Sie halten vielleicht was aus!")?
Und welcher **Appell** steckte in der Äußerung? → *„Lassen Sie mich wissen, was los war!"* oder *„Bitte sorgen Sie in Zukunft für mehr Disziplin in Ihrer Klasse!"*?

Sind Sie auf Ähnliches gestoßen oder konnten Sie ein/zwei Inhalte nicht definieren? Keine Sorge, das ist völlig verständlich! Wenn der Sender nicht genau weiß, was er will, kann der Empfänger seine Äußerung nicht konkret deuten und es kommt schnell zu Missverständnissen. Eigentlich war der Rektor tatsächlich vom Lärm genervt, aber auch voller Hoffnung, dass der Junglehrer mit seiner Art frischen Wind ins Kollegium bringt. Außerdem wollte er nicht gleich von Anfang an als „Kontrollator" gesehen werden und versuchte es deshalb mit einer lockeren Äußerung.
Aus diesem selbst nicht durchschauten inneren Durcheinander war die freundliche Bemerkung mit doppeltem Boden und der unklaren „Message" entstanden.
Dieses Beispiel soll Ihnen verdeutlichen, dass es jederzeit wichtig ist, zu wissen, was man möchte und dementsprechend innerlich geordnet zu sein (Tipp 13–18).

› Tipp 13–18

8 Sachkonflikt

Rechtskonflikte

Unter den Sachkonflikt fallen auch Varianten wie z. B. Rechtskonflikte, bei welchen es um die Frage, „Wer ist im Recht?" gehen kann. Im Schulalltag kann es einen Rechtskonflikt auf unterschiedlichen Ebenen geben, z. B. zwischen Schüler und Lehrer, zwischen Eltern und Lehrer, zwischen Kollegen oder auch zwischen Lehrer und Vorgesetztem. Es gilt hier zu klären, ob eine Person rechtmäßig gehandelt oder sich über bestehendes Recht hinweggesetzt hat.

Bewertungskonflikte

Auch Bewertungskonflikte, bei denen es um unterschiedliche Sichtweisen der Parteien geht, gehören zu den Sachkonflikten. Dabei steht im Vordergrund, dass unterschiedliche Menschen unterschiedliche Vorgehensweisen unterschiedlich bewerten. So können sich zwei Kollegen einer Schule darüber nicht einig sein, mit welchen Methoden den Schülern die Englischvokabeln am effektivsten nahegebracht werden. Ein Sportlehrer schätzt den Wert einer ‚bewegten Pause' sicher anders ein als ein Lateinlehrer.

Verteilungskonflikte

Verteilungskonflikte beinhalten z. B. knappe Güter und den Kampf darum und zählen ebenfalls zu den Sachkonflikten. Im Schulalltag kann das z. B. bedeuten, dass der Fachbereich Physik häufiger Material bestellen darf als der Fachbereich Geschichte, denn jedes Jahr hat die Schule nur begrenzte Mittel zur Verfügung. Gilt also das Prinzip „wer zuerst kommt, malt zuerst", ist der Verteilungskonflikt schon vorprogrammiert.

Bei den Verteilungskonflikten geht es aber auch um Wertschätzung. Erhält der Kollege, der still und unspektakulär, aber sehr effektiv arbeitet, genauso viel Anerkennung wie der Kollege, der gerne nach außen präsentiert und seine Erfolge geschickt in Szene zu setzen weiß?

Sie sehen also schon bei der ersten Identifikation, Konflikt ist nicht gleich Konflikt.

9 Bedürfniskonflikt

unterschiedliche Interessen

Es liegt ein Bedürfniskonflikt vor, wenn Menschen unterschiedliche Interessen und Bedürfnisse haben und die Ansprüche zweier oder mehrerer Individuen im Widerspruch liegen. Diese Art von Konflikt ist sehr häufig, da wir als Lehrer auf ganz viele unterschiedliche Persönlichkeiten treffen, die natürlich auch ganz unterschiedliche Erwartungen und Interessen haben.

Achtung!

Wenn Sie erkannt haben, dass es sich bei Ihrem aktuellen Konflikt um einen Bedürfniskonflikt handelt, vergessen Sie bitte nicht, zuerst Ihre eigenen Bedürfnisse auf Umsetzbarkeit in der jeweiligen Situation zu überprüfen. Versetzen Sie sich anschließend bitte immer in die Perspektive der anderen Person / Personen und wägen Sie dann erst ab, was Sie sinnvollerweise tun können, um zu einer Lösung zu gelangen.

Ein Beziehungskonflikt entsteht oft, wenn man persönlich von jemandem angegriffen wird und man emotional sehr betroffen ist. Das heißt aber nicht, dass es nur in einer persönlichen Beziehung wie z. B. in der Partnerschaft oder in der Familie zu einem Beziehungskonflikt kommen kann. In unserem Beruf pflegen wir ebenso Beziehungen, nur auf einer anderen Ebene, was zur Folge hat, dass wir auch im Job mit Beziehungskonflikten umgehen müssen. Bittet Ihr Kollege Sie z. B. darum, ihn zu vertreten, damit er ein Elterngespräch führen kann und Sie schlagen dies aus einem für Sie wichtigen Grund aus, fühlt sich der Kollege vielleicht vernachlässigt und greift Sie deshalb persönlich an: „*... ist ja klar, ich habe dir in letzter Zeit so oft geholfen und wenn ich dich ein Mal um etwas bitte, dann ist dir das schon zu viel ... Nur an sich selber denken, typisch!*"

In einem Beziehungskonflikt wird also nicht mehr analysiert, aufgrund welcher Sachlage man ein Problem hat, man fühlt sich unverstanden und ungerecht behandelt und macht sich auf genau diese Art dann auch Luft. Diese persönliche Betroffenheit führt häufig zu einer Konfrontationssprache, die das Gegenüber in der Regel verletzt (Tipp 5). Wenn Sie nun schon Tipp 5 gelesen haben, können Sie mit dieser Sprache besser umgehen und diese richtig deuten, ohne zu sehr verletzt zu werden.

persönliche Betroffenheit

› Tipp 5

Ein Beziehungskonflikt entsteht auch, wenn man sich in einer Vertrauenskrise befindet. Sie reagieren dann besonders empfindlich auf Vorwürfe, die Ihnen jemand in einer Zeit macht, in der Sie selbst sehr unsicher und voller Zweifel sind. Ist Ihr Selbstvertrauen im Keller, wächst der Nährboden für den persönlichen Angriff, selbst, wenn Ihr Gegenüber eigentlich über eine Sache mit Ihnen streiten möchte. In dieser Phase werten Sie alles als persönlichen Angriff, da Sie aufgrund Ihrer eigenen Unsicherheit/Unzufriedenheit sich selbst ständig in der Kritik sehen und Ihnen die nötige Distanz fehlt, den Konflikt angemessen zu identifizieren (Tipp 6).

Vertrauenskrise

› Tipp 6

Achtung!

Im Umgang mit anderen Menschen ist es grundlegend wichtig, dass Sie sich selbst gut einschätzen können. Gibt es z. B. einen Bereich, in dem Sie sich nicht kompetent fühlen und an ihren eigenen Fähigkeiten zweifeln, gilt es als Erstes, sich das bewusst zu machen und es sich einzugestehen. Holen Sie sich Hilfe und machen Sie sich stark oder thematisieren Sie Ihre Probleme im Gespräch mit anderen. So schützen Sie sich davor, dass aus Konflikten, die eigentlich eine Sache betreffen, Beziehungskonflikte werden, die Sie in Ihrer sowieso schon unsicheren Lage nur noch weiter belasten und Ihnen die Möglichkeit zu einem angemessenen Umgang mit dem Konfliktthema verwehren.

Rollenkonflikt

Eine weitere Form des Beziehungskonflikts ist der sogenannte Rollenkonflikt.

Der Rollenkonflikt ist eine Form sozialer Konflikte. Ralf Dahrendorf unterscheidet dabei zwischen „Intrarollenkonflikten" und „Interrollenkonflikten". Man spricht von einem Intrarollenkonflikt, wenn sich innerhalb einer Rolle, die wir innehaben, die Erwartungen von unterschiedlichen Bezugsgruppen nicht vereinbaren lassen. Das heißt, Sie als Lehrkraft sollen auf der einen Seite die bestmöglichen Leistungen mit Ihren Schülern erzielen und auf der anderen Seite auf die Befindlichkeiten und Leistungsfähigkeit jedes Einzelnen Rücksicht nehmen.

Ein Interrollenkonflikt ist dann vorhanden, wenn es zwischen verschiedenen Rollen einer Person um widersprüchliche Erwartungen geht. Die Lehrkraft verbringt viele Stunden in ihrem Arbeitszimmer, um differenziertes Arbeitsmaterial für ihre Schüler zu erstellen. So wird sie dem unterschiedlichen Leistungspotenzial der Schüler gerecht, vernachlässigt aber zugleich ihre eigenen Kinder, weil sie kaum noch Zeit für sie hat.

Schulz von Thun spricht von einer „inneren Pluralität, um das Seelenleben des Menschen zu kennzeichnen“ (2011, 46 f.). Damit meint er, dass jeder von uns verschiedene Stimmen in sich trägt, die alle eine eigene Meinung haben. Eine Reaktion auf einen Konflikt, ganz gleich welcher Art, verlangt von uns selbst erst mal den Umgang mit genau diesen unterschiedlichen Stimmen, also mit uns selbst! Bevor wir also einen Konflikt mit anderen Personen so angehen können, dass auch eine zufriedenstellende Lösung für die Beteiligten möglich ist, müssen wir an uns selbst arbeiten und das kann schon mal einen handfesten Konflikt geben.

innere Pluralität wahrnehmen

an uns selbst arbeiten

Achtung!

Bereits bei kleinen Entscheidungen im Alltag, können wir uneins mit uns selbst sein – stellen Sie sich vor, Sie haben am Abend Hunger. Eigentlich achten Sie auf Ihre Linie und vermeiden Kohlenhydrate nach 20 Uhr. Dennoch wohnt in Ihrem Inneren eine kleine Stimme, die sich immer wieder zu Wort meldet und Ihnen einreden will, dass Sie nicht so konsequent sein müssen und dass es schon in Ordnung ist, mal nach 20 Uhr ein leckere Portion Spaghetti Carbonara zu essen. In dieser Situation setzen wir uns unbewusst mit uns selbst auseinander und wägen ab, was uns jetzt gerade wichtig ist. Dazu brauchen wir keine andere Person, das betrifft nur uns selbst. Sie sehen also, dass das, was hier vielleicht theoretisch klingt, absolut das Gegenteil ist und jeder von uns kennt es. Wir müssen es uns nur bewusst machen!

In unserer Lehrerrolle agieren wir stets auch als Leiter einer Gruppe, so wie ein Rektor ein ganzes Kollegium führt, gehen wir mit unseren Schülern um. Als Schulz von Thun bei Ruth Cohn seine Lehrzeit zur Beratung von Führungskräften absolvierte, stellte er fest, dass „Menschenführung bei einer Person selbst beginnt“. Diese Erkenntnis ist für uns im Alltag sehr hilfreich, wenn sie uns bewusst ist. Denn so verschwenden wir keine Energie damit, andere mit pädagogischem und psychologischem Wissen zu manipulieren und sparen uns die Enttäuschung, wenn es wieder mal nicht geklappt hat.

› Tipp 13–17

Selbstreflexion (Tipp 13–17) als Grundlage für erfolgreiches Wirken zu sehen, ist der erste Schritt zum Erfolg bei der Bewältigung unserer inneren Konflikte und beim Umgang mit anderen Menschen.

12 Das sollten wir noch über Konflikte wissen

› Tipp 8–11

Dass es verschiedene Konfliktarten (Tipp 8–11) gibt, wissen Sie nun. In diesem Tipp möchte ich Ihnen einige allgemeingültige Regelungen mit auf den Weg geben, die Sie im Umgang mit unterschiedlichen Konflikten unterstützen können.

- Konflikte, egal welcher Art, können offen ausgetragen werden oder im Verborgenen schwelen. So ein heimlicher Konflikt ist dabei der wesentlich gefährlichere, denn er vergiftet die Atmosphäre, zehrt an den Beteiligten und hat keine Aussicht auf Klärung. Wenn er doch noch aufbricht, ist es meist nicht mehr möglich, eine friedliche Lösung zu finden.

Reden ist Gold!

- Deshalb gilt bei Konflikten: Schweigen ist Silber, Reden ist Gold!
  Für alle Beteiligten ist es besser, wenn Sie den Konflikt offen angehen und sich um eine Lösung bemühen. Werden Probleme verschwiegen oder sogar vertuscht, so rutschen sie nur in den Untergrund und lodern dort ungeklärt weiter. Stellen Sie sich den Konflikten rechtzeitig und entschlossen, nur so besteht eine reale Möglichkeit, gemeinsam weiterzukommen.
- Lösen Sie das Problem, nicht die Schuldfrage! Wenn Sie sich bei einem Konflikt auf die Suche nach dem/den Schuldigen machen, verhärten sich die Fronten nur noch weiter. Klären Sie die unterschiedlichen Positionen und

arbeiten Sie an einer Einigung, so wird die Beziehung wieder funktionstüchtig und Sie gehen miteinander vorwärts!

- Respekt und Toleranz als Weichensteller sehen! Jede Partei hat in einem Konflikt verschiedene Sichtweisen auf das konfliktbehaftete Thema. Das ist uns allen klar: nun muss uns aber auch klar sein, dass Meinungsverschiedenheiten nie die Person des anderen infrage stellen dürfen! In unserer Verschiedenheit ist es erlaubt, seinen eigenen Standpunkt zu haben, dabei muss niemand bekehrt werden. Die Einsicht, dass es nicht den einen richtigen Weg gibt, steht dabei im Vordergrund und wird uns helfen, ein erfolgreiches Konfliktmanagement zu erlernen (vgl. Deutscher Olympischer Sportbund – engagiert-in- deutschland.de)!

Respekt und Toleranz

Herausfinden, was man selbst möchte 13

innere Ausgeglichenheit

Sie wissen nun schon einiges über Konflikte und werden in den folgenden Tipps darüber aufgeklärt, wie Sie eine innere Ausgeglichenheit erlangen können, die Ihnen als Voraussetzung für eine erfolgreiche Konfliktbewältigung dient.

Als Erstes sollen Sie herausfinden, was Sie selbst möchten und was Ihnen wichtig ist. Dazu brauchen wir verschiedene Dinge: Zeit, Ehrlichkeit, Offenheit, kritisches Hinterfragen, Prioritäten setzen und die Bereitschaft für Veränderung.

Im Schulalltag wird uns regelmäßig viel abverlangt. Wir müssen uns ständig auf unterschiedliche Situationen, verschiedene Schüler, neue und alte Kollegen, Veränderungen im Schulwesen und wechselnde Vorgaben unserer Vorgesetzten einstellen. Meist ist kein Tag wie der andere! Wenn Sie sich so viel nach anderen richten müssen, kann es schon passieren, dass Sie sich von Zeit zu Zeit überfordert fühlen und denken, dass Sie den gewünschten Anforderungen nicht länger gerecht werden können. Das Aufkommen dieses Gefühls können Sie jedoch verhindern, wenn Sie sich in dem jeweiligen Anforderungsbereich genau überlegen, was für Sie wichtig ist und was Sie erreichen möchten. Dies gilt es, in regelmäßigen Abständen erneut zu tun, sodass Sie Ihre gesetzten Prioritäten auf Wirksamkeit überprüfen können und immer wieder abzuwägen, ob Sie sich auch selbst gerecht werden, nicht nur den anderen!

Gleich mal ausprobieren

Greifen Sie die aktuellste Forderung Ihres Vorgesetzten auf und machen Sie sich noch mal bewusst, was diese Forderung Ihnen abverlangte. Überlegen Sie genau, ob Sie bei der Umsetzung dieses Auftrages auch Ihre eigenen Bedürfnisse berücksichtigt haben oder ob Sie diese, einmal mehr, vernachlässigten.

Sollten Sie z. B. zum wiederholten Male eine Stunde vertreten, obwohl es in Ihrem Kollegium andere Kollegen gibt, denen diese Zusatzarbeit stets erspart wird? Oder wurde Ihnen seit langer Zeit ein Ausgleich für diese „Überstunden" versprochen, nur bisher war noch nicht der richtige Zeitpunkt dafür?

Wägen Sie also künftig ab, ob es für Sie wichtig ist, eine Bedingung an eine gewünschte Aufgabe zu knüpfen, sodass Ihre Bedürfnisse nicht ständig unterdrückt werden müssen, Sie aber dennoch Ihrer Pflichterfüllung nachkommen können.

14 Stimmen im eigenen Inneren erkennen

Schulz von Thun hat das Modell des „Inneren Teams" entworfen, „um das menschliche Seelenleben in verständlicher Weise sichtbar und greifbar zu machen". So können wir aus der Not eine Tugend machen, was bedeutet:

„Die Not ist: dass wir mit uns selbst oft keineswegs ein Herz und eine Seele sind, dass inneres Durcheinander und Gegeneinander herrschen, bis hin zur quälenden Zerrissenheit und Lähmung" (Schulz von Thun/Stegemann 2010, 15).

SOS-Tipp

> Treffen Sie wichtige Entscheidungen wohlüberlegt und nicht unter Zeitdruck und erkennen Sie dabei, welche Stimmen in Ihnen laut werden, wenn es um Ihre eigenen Bedürfnisse geht. So vermeiden Sie die oben genannte Not, die durchaus dazu führen kann, dass Sie unglücklich, überlastet und unzufrieden sind und das nicht, weil eine andere Person daran schuld ist, sondern weil Sie sich nicht selbst reflektieren.

Die Tugend ist, „dass wir die Vielzahl der inneren Stimmen nutzen können, um die Weisheit und Kraft, die in jeder Einzelstimme enthalten ist, zusammenzuführen" (Schulz von Thun/Stegemann 2010, 15).
Das heißt, wir können mit uns selbst eine Teamsitzung anberaumen (Tipp 18) und dafür sorgen, dass jede Stimme eine angemessene Sprechzeit erhält und ihren Standpunkt klarmachen darf (natürlich nur bildhaft gesprochen). Erkennen und akzeptieren wir also die Tatsache, dass in uns verschiedene Stimmen zu unterschiedlichen Themen wohnen und trauen wir uns, eine Entscheidung so zu treffen, dass innerhalb unserer Vielzahl von Stimmen ein gewisser Konsens besteht, dann können wir pflichterfüllend und bedürfniserfüllend zugleich handeln.

› Tipp 18

15 Stimmen im eigenen Inneren verbalisieren

Stimmenvielfalt benennen

Wenn Sie Ihre Stimmenvielfalt in Ihnen selbst erkannt haben, ist der nächste Schritt, diese zu verbalisieren und zu benennen. Das heißt nichts anderes, als dass Sie die unterschiedlichen Stimmen, die in Ihrer Brust wohnen, zu Wort kommen lassen und ihnen einen Namen geben.
Lassen Sie mich diese abstrakte Vorstellung an einem Beispiel aus der Praxis verdeutlichen, sodass Sie Ihre eigenen Stimmen benennen können.

Beispielsituation: Sie sitzen in Ihrer Freistunde im Lehrerzimmer und haben gerade mit der Korrektur einer Klassenarbeit begonnen. Es ist Donnerstag und Sie haben diese und letzte Woche bereits mehrmals vertreten, da viele Kollegen krank sind. Sie haben außer der genannten Klassenarbeit noch zwei andere Schulaufgaben zur Korrektur vorliegen. Da kommt der Konrektor herein und steuert geradewegs auf Sie zu, obwohl noch zwei andere Kollegen da sind. Er bittet Sie jetzt gleich in die 9. Klasse von Frau K. zu gehen, da diese krank sei und er das eben erst erfahren habe. Die Klasse müsse unbedingt schnellstmöglich versorgt werden, da es dort schon häufiger Vorfälle unterschiedlicher Art gegeben habe. Sicher sei das kein Problem für Sie, so patent wie Sie seien!

Ich habe nun einmal einige Stimmen, die sich in dieser Situation bei mir melden würden, bereits für Sie erhoben, sodass Sie einen Eindruck erhalten, wie man Stimmen verbalisiert:

Diese vier Stimmen stellen nur eine kleine Auswahl einer Vielzahl von Stimmen dar, die sich in einer solchen Situation melden können. Sie haben immer die freie Wahl, wie Sie Ihre Stimmen bezeichnen, meine Namensgebung dient der Anschaulichkeit.

Gleich mal ausprobieren

Wenn Sie das oben genannte Beispiel gelesen haben, gehen Sie jetzt daran, Ihre Stimmen zu dieser Situation zu verbalisieren. Benennen Sie alle Stimmen, die sich zu Wort melden und schreiben Sie deren Standpunkte auf. Bitte lassen Sie sich wirklich Zeit und bringen Sie die Bereitschaft mit, auf alles zu hören, was das Wort in Ihnen ergreifen möchte. Sie werden feststellen, dass es einige Stimmen gibt, die sehr dominant in Ihnen sind und sich ohne Probleme Gehör verschaffen können. Die Kunst liegt nun darin, sich auch den ruhigen, zurückhaltenden Stimmen zu widmen und diese gleichberechtigt zu hören.

Breiten Sie nach der Verbalisierung alle Stimmen mit ihren Standpunkten vor sich aus – Sie werden erstaunt von der Vielfalt sein, die in Ihrer eigenen Person steckt!

Glückwunsch – der erste große Schritt in Richtung innere Ausgeglichenheit ist gemacht!

Sich selbst moderieren 16

› Tipp 15

Konsens finden

Nachdem Sie Ihre unterschiedlichen, in Ihnen wohnenden Standpunkte verbalisiert haben (Tipp 15), gehen wir nun einen Schritt weiter, um Ordnung in unsere Vielfalt zu bringen. Um eine Entscheidung treffen zu können, mit der wir wirklich zufrieden sind, brauchen wir einen Konsens innerhalb unserer eigenen Standpunkte. Als anschauliches Bild zum besseren Begreifen kann uns eine kleine Diskussionsrunde dienen. Sie agieren als Diskussionsleiter und die Teilnehmer sind ihre eigenen Stimmen. Wenn jetzt einfach nur jede Perspektive genannt und gesammelt wird, ist damit noch lange kein Konsens erreicht. Sie als sogenanntes „Oberhaupt“ moderieren und strukturieren die Diskussion, indem Sie gezielte Fragen an die Teilnehmer stellen und anschließend eine integrierte Stellungnahme entwerfen. Dies alles geschieht natürlich nur in Ihnen selbst! Sie brauchen für diese Aufgabe eine gewisse Disziplin, denn als Klärungshelfer in der Diskussion sollten Sie drei Qualitäten haben:

allparteiliche Wertschätzung

› Tipp 20, 26

- eine allparteiliche Wertschätzung (keine Partei für eine Stimme ergreifen, Sie sind objektiv)
- Empathie (Tipp 20, 26) (zeigen Sie Verständnis und Wertschätzung für jede Stimme)
- Prägnanz (seien Sie genau und achten Sie auf das Wesentliche) (nach Schulz von Thun)

Gelingt es Ihnen nicht, dies umzusetzen, so werden Sie sich selbst nicht einig und reduzieren damit dauerhaft Ihre Ausstrahlung, Ihre Sicherheit, Ihre Ruhe, Ihre Souveränität und nicht zuletzt Ihre Autorität.

Gleich mal ausprobieren

Sie haben im vorherigen Tipp Ihre Stimmen verbalisiert und gesammelt und nun vor sich liegen. Jetzt brauchen wir eine Ordnung in dieser Vielfalt, um anschließend eine Entscheidung treffen zu können, die sich für uns gut anfühlt, auch dauerhaft!

Sehen Sie sich nun als Diskussionsleiter und moderieren Sie Ihr inneres Gespräch. Wägen Sie genau ab, unter welchen Bedingungen Sie eine Entscheidung treffen, mit der alle Ihre Stimmen zufrieden sein können, z. B. die Pflichtbewusste *(„... muss man ja machen“)*, die Verhandlerin *(„... nur, wenn ich dafür etwas kriege“)*, die Unsichere *(„... auch wenn das neu ist“)*, aber auch die Egoistische *(„... ich komme auch mal dran“)*. Denken Sie unbedingt daran, alle Stimmen gleichermaßen wertzuschätzen und bleiben Sie objektiv. Üben Sie diesen komplexen Vorgang immer wieder, wenn Sie etwas entscheiden müssen. Sie werden merken, dass diese Moderation irgendwann so schnell geht, dass Sie innerhalb von Sekunden Ihre innere Befindlichkeit prüfen können.

Sich seinen eigenen Konflikt bewusst machen

17

In Tipp 7 geht es um die Identifizierung der Konfliktarten und das Einteilen einer Äußerung in die Sache, den Appell, die Beziehung und die Selbstkundgabe. Das dort genannte Beispiel zeigt anschaulich, dass die innere Vielfalt in unserem beruflichen Alltag stets präsent ist und keine Sonderform darstellt.

› Tipp 7

Wenn wir also mit einer Entscheidung oder Aussage nicht zufrieden sind (keine Sorge, das ist normal und kommt immer wieder vor, es sollte aber auf keinen Fall ein Dauerzustand sein!), dann lohnt es sich unbedingt, sich auf die Suche nach dem eigenen Konflikt zu begeben. Die ersten Schritte diesbezüglich haben Sie bereits in Tipp 13, 14, 15 und 16 gemacht.

› Tipp 13, 14, 15, 16

Wenn Sie in Ihrer eigenen Diskussionsrunde immer wieder bei zwei Stimmen hängen bleiben, die sehr gegensätzliche Ansichten haben, haben sie Ihren eigenen Konflikt schnell erkannt. Es könnte z. B. sein, dass Ihre Schüler Sie darum gebeten haben, die angesagte Schulaufgabe um einige Tage zu verschieben, weil es so viel zu lernen sei und sie außerdem noch zwei andere Schulaufgaben schreiben müssen. Sie bitten die jungen Menschen um einen Tag Bedenkzeit und wägen Ihre Entscheidung in Ruhe ab. Dabei stoßen Sie auf zwei Stimmen, die sich überhaupt nicht ‚grün' sind: Die *Stimme des Prinzips* und die *soziale Stimme*! Das *Prinzip* ist eindeutig dagegen, die Probe zu verschieben, *„da könnte ja jeder daherkommen und keiner müsste sich mehr an festgesetzte Termine halten!"*. Die *soziale Stimme* ist der Ansicht, dass die Termine *„eh viel zu eng gesteckt wurden, so überfordert man die Schüler und jammert nachher, dass keine guten Ergebnisse erzielt wurden!"*.

Nun liegt es an Ihnen, diesen Konflikt, den Sie in sich tragen, so zu meistern, dass alle Beteiligten schlussendlich zufrieden sein können, auch Ihre Schüler! Schon allein die Tatsache, dass Sie sich den bestehenden Konflikt bewusst machen, löst die Meinungsverschiedenheit zwar noch nicht, hilft Ihnen aber bei der Entscheidung. Verdrängt man solche

Konflikt bewusst machen

Vorgänge dauerhaft, kommt es allseits zu großer Unzufriedenheit.

Sie haben also ein Problem mit sich selbst und ich sage nun auch noch, „prima, gut so!"? Ja, genau so ist es, denn nur wenn wir in uns alle beieinander sind, ist es uns möglich, auf andere Menschen, Probleme und Situationen angemessen und vor allem differenziert zu reagieren. Sobald wir realisieren, dass wir auf Menschen, die in uns eine Uneinigkeit erzeugen, schlecht zu sprechen sind, ist es an der Zeit, nicht diese Menschen dafür zu verurteilen, sondern an uns zu arbeiten und herauszufinden, wo der Konflikt entsteht (vgl. Schulz von Thun 2011, Bd. 3).

› Tipp 18

Nehmen Sie sich etwas Zeit, um im Anschluss nun aktiv zu werden und Ihre Seelen zu einem Team (Tipp 18) zu machen. All diese Einzelschritte helfen Ihnen im Alltag, souverän und standfest zu wirken und Sicherheit auszustrahlen, und das nur, weil Sie sich endlich mal mit sich selbst beschäftigt haben und das ist es wert!

Seine eigenen Stimmen zu einem Team machen

18

› Tipp 17

Nach der Vorarbeit in Tipp 17 klären Sie nun mit Ihren Stimmen ab, unter welchen Bedingungen beide bereit wären, eine Entscheidung mitzutragen: *„Prinzip, kannst du dir vorstellen, dieses Mal eine Ausnahme zu machen, da die beiden anderen Schulaufgaben schon vor meinem Termin feststanden und die Kinder nichts dafür können?"*

Frage an die soziale Stimme: *„Sind die Schüler dafür bereit, richtig intensiv zu lernen und mir zu zeigen, dass sie mein Entgegenkommen schätzen?"*

Wir machen uns also daran, aus unseren einzelnen Seelen ein Team zu bilden, das nach wie vor für unterschiedliche Positionen steht, aber dennoch auch zusammenwirken kann. Für eine Alltagstauglichkeit steht dabei im Vordergrund, dass das Mitspracherecht aller Stimmen nicht in unendliche, ziellose Dauerdiskussionen ausartet. Es sollte vielmehr, genau wie in unseren Schulklassen, eine Streitkultur geben, in der Gegensätze offen angesprochen und auch mal heftig ausgetragen werden, aber man schlussendlich mit einer Wertschätzung der anderen doch zu einer gemeinsamen Lösung kommt.

innere Streitkultur wahrnehmen

Die Entwicklung Ihres eigenen „Inneren Teams" dürfen Sie beruhigt als Langzeitprojekt sehen. Viele unterschiedliche Aspekte wie Zusammenfinden, Streitkultur, Integration, Herausbilden eines Wir-Gefühls und Erhalten eines Ich-Bewusstseins gehören zu diesem Prozess (vgl. Schulz von Thun 2011, Bd. 3).

Vergleichen Sie Ihr „Inneres Team" gerne mit Ihrer Schulklasse – sie besteht aus vielen Individuen, die sich z. B. charakterlich, vom Intellekt und der Einstellung unterscheiden. Ebenso sieht es in Ihnen selbst aus. Gelingt es Ihnen also, aus Ihren Seelen ein Team zu bilden, gibt es keinen Zweifel, dass Sie das auch in der Schule schaffen!

SOS-Tipp

Wir haben im Alltag nicht immer Zeit, unsere Entscheidungen genau abzuwägen und unser „Inneres Team" zu befragen. Außerdem unterscheiden wir zwischen kleinen, unbedeutenden Fragen und Aufträgen mit größerer Tragweite. Sobald Sie es gewöhnt sind, mit Ihrem Team zu arbeiten, können Sie auch schnelle Entscheidungen treffen, ohne eine längere Findungsphase einzuplanen.

Schaffen Sie sich eine Helfermöglichkeit, falls jemand schnell etwas von Ihnen braucht:

Versuchen Sie, sich einen kurzen Zeitaufschub zu verschaffen, bevor Sie antworten. Das gelingt Ihnen z.B. damit, dass Sie kurz ein Fenster öffnen oder schließen wollen. Auf dem Weg dahin, wägen Sie blitzschnell ab, unter welchen Bedingungen Sie dem Wunsch nachkommen wollen und verbalisieren dies bei der Rückkehr zu Ihrem Platz.

Ebenso können Sie mit den Worten: *„Gib´ mir bitte einen Moment, ich antworte dir gleich!"* eine kleine Verzögerung erzielen, ohne dass sich Ihr Gegenüber komisch vorkommt. So vermeiden Sie eine übereilte Antwort, die Sie später

bereuen und die Ihnen ein schlechtes Gefühl verursacht. Auf diese Art werden Sie auch nicht mehr überrumpelt, sondern bleiben stets Herr/Frau der Lage!
Schulz von Thun sagt: „Die innere Klarheit ist die Grundlage menschlicher Souveränität."

19 Das konstruktivistische Weltbild

Der Konstruktivismus bietet uns die Möglichkeit für eine Lebenseinstellung, die wir bewusst wählen. Bereits früh in unserer Entwicklung entscheiden wir uns unbewusst für drei Lebenseinstellungen, die auf erlebte Gefühle zurückzuführen sind.

1. Ich bin okay – Du bist nicht okay.
2. Ich bin nicht okay – Du bist okay.
3. Ich bin nicht okay – Du bist nicht okay.

So sehen wir unsere Welt und Mitmenschen, wenn wir uns nicht bewusst Gedanken dazu machen. Dabei ist es unsere innere Haltung, die beeinflusst, wie wir die Beziehung zu unserem Gegenüber gestalten.

„Ich bin okay – Du bist okay"

Die Position: „Ich bin okay – Du bist okay" beruht auf Denken, Glauben und Einsatzbereitschaft. Wir machen uns diese Position zum Ziel, um zwischenmenschlich angemessen und erfolgreich für alle Beteiligten zu agieren.

Mit dieser Lebenseinstellung trennen Sie automatisch die Person von ihrem Handeln, was besonders im Umgang mit Schülern sehr hilfreich und ehrlich gesagt auch notwendig ist. Mit dieser Grundhaltung vermeiden wir sträflich falsche Äußerungen wie: *„Du regst mich so auf, kannst du endlich mal still sein!"*, welche einen eindeutigen Angriff auf die Person bedeuten.

Wir denken uns – „ich bin okay – du bist okay" und sagen: *„Es stört mich, wenn du ununterbrochen redest, sei jetzt bitte still!"* Wir beziehen uns also auf das Verhalten des Schülers, auf das was er tut, nicht wer er ist.

Menschen mit der konstruktivistischen Lebensanschauung sind autonom und in der Lage, Verantwortung für das eigene Tun und Handeln zu übernehmen. Das Agieren aus dieser Haltung heraus ist die beste Voraussetzung für eine erfüllte Beziehungsgestaltung und eine erfolgreiche Zusammenarbeit (vgl. Harris 1975).

Gleich mal ausprobieren

Denken Sie an die letzte Stresssituation im Klassenzimmer, in der Sie sich von Schülern gestört fühlten. Versuchen Sie, sich an die Gefühle zu erinnern, die dieses Störverhalten bei Ihnen auslöste. Formulieren Sie nun Äußerungen, die Sie den betreffenden Schülern im Rahmen einer konstruktivistischen Lebenshaltung sagen können, sodass sie eindeutig verstehen, dass Sie dieses Verhalten nicht tolerieren. Erweitern Sie dann diese Formulierungen um den Wunsch, den Sie an die Schüler haben. Üben Sie das und Sie werden sehen, dass Sie unnötige Konfrontationen mit Schülern und eventuell dann auch mit Eltern reduzieren können, weil sich die Schüler nicht mehr persönlich angegriffen fühlen und dementsprechend auch einsichtiger reagieren werden.

Offen sein für Bedürfnisse anderer

20

„Je klarer wir wissen, was wir vom anderen bekommen möchten, desto wahrscheinlicher ist es, dass sich unsere Bedürfnisse erfüllen" (Rosenberg 2013, 94) (Tipp 13). Es ist unerlässlich, sich erst um sich selbst zu kümmern, bevor man sich den anderen erfolgreich widmen kann. Die Kunst herauszufinden, was unser Gegenüber braucht, liegt in der *Beobachtung* und einer *empathischen Kommunikation*. Unter *Beobachtung* verstehe ich ein Beobachten ohne Bewertung des Verhaltens oder der Aussage. „Für die meisten von uns ist es schwierig, Menschen und deren Verhalten in einer Weise zu beobachten, die frei von Verurteilung, Kritik oder anderen Formen der Analyse ist" (ebd., 48).

› Tipp 13

Beobachten ohne Bewertung

Gleich mal ausprobieren

Im Folgenden habe ich einige Beispiele für Sie aufgelistet anhand derer Sie unterscheiden können, ob es sich um eine reine Beobachtung oder eine Beobachtung vermischt mit Bewertung handelt. Nachdem Sie die Beispiele gelesen haben, können Sie selbst üben, Aussagen einzustufen.

Kommunikation	Beobachtung vermischt mit Bewertung	Beobachtung getrennt von Bewertung
Gebrauch von Verben mit bewertendem Beigeschmack	„Toni *schiebt* Dinge vor sich her."	„Toni lernt für ihre Prüfungen erst am Abend vorher."
Annahme mit gesichertem Wissen vermischen	„Wenn du dich nicht ausgewogen ernährst, nimmt deine Gesundheit Schaden."	„Wenn du dich nicht ausgewogen ernährst, befürchte ich, dass deine Gesundheit vielleicht Schaden nimmt."
Benutzen von Wörtern, die eine Fähigkeit bezeichnen, ohne klarzumachen, dass hier bewertet wird	„Harry Schmidt ist ein *schlechter* Fußballspieler."	„Harry Schmidt hat die letzten 10 Spiele kein Tor mehr geschossen."
Benutzen von Adjektiven und Adverbien auf eine Art, die nicht deutlich macht, dass es sich hier um eine Bewertung handelt	„Jochen ist *hässlich*."	„Jochens Äußeres zieht mich nicht an."

(Rosenberg 2013, 50)

Nun können Sie sich selbst testen. Welche der folgenden Aussagen sind frei von Bewertung?

1. Gestern Nachmittag hat Lisa beim Telefonieren ihre Nägel gefeilt.

2. Jenny arbeitet zu viel.

3. Mein Sohn putzt sich oft nicht die Zähne.

4. Franz hat zu mir gesagt, Gelb steht mir nicht besonders.

5. Klaus hat mich gestern während der Konferenz nicht um meine Meinung gebeten.

Lösung:

- Nummer 1 ist eine reine Beobachtung.
- Nummer 2 ist eine Beobachtung vermischt mit Bewertung, da die Worte *zu viel* eine Bewertung sind.
- Nummer 3 ist eine Beobachtung vermischt mit Bewertung, da das Wort *oft* eine Bewertung ist.
- Nummer 4 ist eine reine Beobachtung.
- Nummer 5 ist eine reine Beobachtung.

(vgl. Rosenberg 2013)

Lagen Sie richtig? Diese Übung ist keine leichte Aufgabe, versuchen Sie es immer wieder, dann bekommen Sie ein Gespür dafür.

empathische Kommunikation

Kommen wir nun zur *empathischen Kommunikation*, dem zweiten Aspekt für das Erkennen der Bedürfnisse anderer. Dazu müssen wir wissen, dass „Empathie ein respektvolles Verstehen der Erfahrungen anderer Menschen ist" (ebd., 113). Wir sollen also mit dem ganzen Wesen zuhören und dabei zugleich den Verstand leer machen. Kann das gelingen? Auf jeden Fall! Verstehen Sie bitte, dass Empathie nur dann wirklich auftreten kann, wenn wir unsere vorgefassten Meinungen und Urteile über die anderen abgelegt haben. Das ist ein schwieriger Schritt und wir dürfen Empathie nicht mit gutgemeinten Ratschlägen oder Trost verwechseln. Ein buddhistisches Sprichwort sagt: „Tu nicht irgendetwas, sei einfach da" (ebd., 113).

Unser Intellekt kann die Empathie blockieren, weil wir meinen, wir müssten Dinge wieder in Ordnung bringen oder eine Diagnose geben. Wir sollten vielmehr auf die Beobachtungen, Gefühle und Bedürfnisse unseres Gegenübers hören und bemerken, worum sie uns bitten.

Lassen Sie mich das an einem Beispiel veranschaulichen:

Ein Kind sagt zu seiner Mutter: *„Was nutzt es, mit dir zu sprechen, du hörst mir ja eh nie zu!“*

Reagiert die Mutter nicht empathisch, hat sie zwei Möglichkeiten:

1. Sie kann sich selbst die Schuld geben und antworten: *„Ach, ich Dummkopf. Du hast recht.“*
2. Sie kann der Tochter die Schuld geben und antworten: *„Du bist doch selbst Schuld daran! Ändere einfach mal deinen Ton!“*

Erspüren der Gefühle

Eine wirklich empathische Reaktion beinhaltet das Erspüren der Gefühle und Bedürfnisse der Tochter unabhängig vom Ton und der Art der Äußerung. Die Mutter könnte antworten: *„Bist du sauer, weil du mehr Aufmerksamkeit von mir brauchst?“*

Das kann uns auch in einer emotional geladenen Situation gelingen, wenn wir zwischen die verletzenden Worte hören und die eigentliche Bitte hinter einem verbalen Angriff entschlüsseln (Tipp 5).

› Tipp 5

21 Sinnvolle Prioritäten setzen

Konflikte können z. B. vermieden werden, wenn Sie wissen, was Ihnen selbst wichtig ist, wenn Sie verstehen, was andere Menschen brauchen und wenn es Ihnen gelingt, sinnvolle Prioritäten zu setzen. Im Schulalltag ist dies ein sehr wichtiger Bereich, den wir unbedingt beachten sollten, auch, um mit unserer Energie besser haushalten zu können. Überlegen Sie sich also genau, was Sie im Klassenzimmer, im Unterricht, von Ihren Kollegen und von Ihren Vorgesetzten erwarten oder brauchen und wägen Sie die Wertigkeit der jeweiligen Anforderungen ab. Unsinnige und kräftezehrende Bereiche sollten Sie zeitnah verwerfen, spätestens dann, wenn Sie bemerken, dass die Umsetzung mühselig oder gar unrealistisch ist. Stellen Sie sich z. B. die Frage, ob wirklich alle Schüler stets mit einem Füller schreiben müssen oder ob auch ein Fineliner verwendet werden darf, solange der Eintrag übersichtlich gestaltet ist. Ist es unbedingt notwendig, dass Sie jede gemachte Hausaufgabe abhaken oder ist es sinnvoller, eine verantwortungsfördernde Selbstkontrolle anzubahnen mit punktuellen Kontrollen? Sie haben sich vorgenommen, geschriebene Arbeiten innerhalb von zwei Tagen zu korrigieren und bemerken, dass Sie das nur schaffen, wenn Sie alles andere dadurch vernachlässigen? Verändern Sie Ihre Priorität! Setzen Sie Ihre Kräfte planvoll und zielführend ein und legen Sie Wert auf Maßnahmen, die Sie dabei unterstützen können.

Achtung!

- Führen Sie Maßnahmen, die Ihnen wenig sinnvoll und zielführend erscheinen, nicht weiter, nur weil diese in der Schule immer schon so angewendet wurden.
- Hinterfragen Sie Methoden nach Wirksamkeit und Effektivität und verfallen Sie nicht in „blinden Aktionismus", der keinem etwas bringt, Ihnen aber viele Kräfte raubt.
- Gesetzte Prioritäten müssen zu Ihnen passen, sie dürfen Sie und die anderen Beteiligten nicht überfordern, sonst sind Konflikte vorbestimmt.
- Probieren Sie aus! Wenn Sie sich nicht sicher sind, ob eine Sache wirklich wichtig für Sie ist, testen Sie sie. Nach einer Erprobungsphase wissen Sie ganz sicher, ob diese „Prio" für Sie immer noch aktuell ist oder ob Sie sie verwerfen/ändern müssen.

Unbedingt kritikfähig sein/bleiben

22

In unserem Beruf arbeiten wir viel alleine. Es gibt zwar regelmäßige Kooperationen mit Kollegen, den Großteil der Arbeit erledigen wir aber in unserem Büro zu Hause. Das, was wir erstellt und erarbeitet haben, präsentieren wir alleine im Klassenzimmer und erhalten teilweise eine Rückmeldung bezüglich unserer Materialien, Methoden und Lehrerpersönlichkeit. So viel Selbstständigkeit führt manchmal auch dazu, dass unsere Kritikfähigkeit leidet, weil wir ja so viel alleine schaffen und das anscheinend auch ganz ordentlich. Also, kann daran ja nicht viel zu kritisieren sein! Wir bahnen bei unseren Schülern so viel an – von der Höflichkeit über die Disziplin über das Arbeitsverhalten bis hin zur Kritikfähigkeit und vergessen dabei, dass wir stets auch an uns selbst arbeiten müssen. Ich möchte Ihnen natürlich nicht suggerieren, dass Sie grundsätzlich in der Kritik stehen sollten, weit gefehlt! Es geht mir vielmehr darum, Ihnen bewusst zu machen, dass es positiv für unsere Weiterentwicklung ist, wenn wir Kritik an uns zulassen. Jeder Mensch macht Fehler und das ist gut so, das macht uns menschlich. Fehler zuzugeben ist eine Größe, die uns noch weitaus menschlicher macht und nahbarer. Gerade in der Zusammenarbeit mit jungen Menschen, denen Sie regelmäßig abverlangen, konstruktiv kritisch zu sein, ist es wichtig, dies auch bei uns und unserer Arbeit zuzulassen. Es bringt Sie immer weiter voran, wenn Sie ein offenes Ohr für Vorschläge und Veränderungen haben. So bleiben Sie agil, flexibel und nah an den Menschen, mit denen Sie umgehen. Sehen Sie Kritikfähigkeit als eine große Möglichkeit zur Selbstevaluation, es kann nie schaden, sein Wirken immer wieder zu überdenken und vor allem auf Wünsche anderer einzugehen. Es zeugt von großer Professionalität, wenn Sie in der Lage sind, tatsächliche Kritik auch aus unsachgemäßen Äußerungen herauszuhören (Tipp 5).

Kritik an uns zulassen

offenes Ohr für Vorschläge

› Tipp 5

Ein Beispiel dazu: Englischunterricht in der 9. Klasse; es gibt einen neuen Text und Übersetzung; die Lehrkraft liest den

Text vor, klärt unbekannte Vokabeln, lässt Teile übersetzen und grammatische Strukturen erkennen und finden …
In dieser Abfolge quält sich die Stunde dahin, bis sich die Schüler verweigern. Plötzlich sind alle Finger oben, jedoch möchte keiner etwas zum Unterricht beitragen, sondern hat Kreislaufprobleme, Darmprobleme, Konzentrationsprobleme usw. Die Lehrkraft bleibt beherrscht und übersetzt den Text selber, während die Schüler laut gähnen und die Köpfe auf die Tische legen.

Deutung dieser Situation: Jede Stunde verläuft in etwa nach demselben Schema; man spricht hier von einem Eingeengtsein auf sich permanent wiederholende Rituale. Die Schüler der 9. Klasse provozieren also nicht, sie sind auch nicht undiszipliniert, sondern einfach nur gelangweilt! Dabei verhalten sie sich immer noch systemkonform, denn eine didaktische Mühle, die nur noch klappert, lädt bekanntlich zum Einschlafen ein.
Die Lehrkraft hört die Bedürfnisse der Schüler nicht, die sich hinter dem Gähnen und den vorgeschobenen Meldungen verstecken. Sie sollte allerdings die Verhaltensweisen der Schüler so interpretieren, dass sie die Schrumpfung ihres Methodenrepertoires aufgeben und stattdessen lieber methodische Vielfalt praktizieren muss. Sie könnte auch eine einfache Frage an die Jugendlichen stellen: „*Was braucht ihr, dass es sich für euch wieder lohnt, aktiv mitzuarbeiten*?“ Sie wären erstaunt, was für differenzierte Antworten sie erhalten, einfach nur, weil sich Schüler ernstgenommen fühlen!
Um eine so heikle und unangenehme Situation umschiffen zu können, bietet es sich an, regelmäßig anonyme Fragebögen zum Unterricht und zu Ihrer eigenen Person ausfüllen zu lassen (Tipp 36). So evaluieren Sie sich durch Ihre Schüler und diese nehmen eine solche Chance in der Regel sehr gewissenhaft wahr.

› Tipp 36

23 Sich persönlich zurücknehmen

Als Lehrer stehen wir regelmäßig im Mittelpunkt vieler Aktionen. Die Augen der Schüler sind erwartungsvoll auf uns gerichtet und unsere Persönlichkeit spielt im Wirken und Erfolg unseres Tuns eine entscheidende Rolle. Das macht es für uns besonders schwer, diesen Tipp zu verinnerlichen und vor allem professionell umzusetzen. Konflikte entstehen sehr häufig auch deshalb, weil der Angegangene sich persönlich verletzt fühlt und aus diesem Grund die verletzenden Worte zurückgibt. Die jungen Menschen, die uns verbal angreifen, sind noch nicht so reflektiert wie wir als studierte Erwachsene mit Lebenserfahrung. Deshalb ist es wichtig, dass wir uns in konfliktbehafteten Situationen von unserem Gegenüber deutlich abgrenzen können und professionell handeln. (Das gilt natürlich auch für Konflikte mit anderen Erwachsenen.) Wir sollten in der Lage sein, uns persönlich zurückzunehmen und die Konfrontationssprache hinten anzustellen und dafür mehr auf die Anliegen zu hören, die hinter dem Vorwurf stecken. Lesen Sie dazu folgendes Beispiel: Ein Schüler in der 8. Klasse, der zurzeit im Heim lebt und aufgrund von Disziplinlosigkeit bereits von mehreren Schulen verwiesen wurde, sitzt in Ihrem Deutschunterricht. Es geht um das Thema „Dazugehören – anders sein“ und Sie bestärken Ihre Schüler gerade darin, dass es in Ordnung ist, sich von anderen zu unterscheiden. Der besagte Schüler ruft ungefragt herein: *„Das ist doch völliger Schwachsinn, was Sie da sagen! Wer anders ist, eckt immer an – egal, wie viel Mühe er sich gibt. Wo leben Sie denn – im Heidiland?“*

professionell handeln

Anliegen hinter Vorwurf hören

Wenn Sie nun persönlich betroffen darauf reagieren, ist der Konflikt schon in vollem Gange und beide Parteien werden richtig sauer aufeinander. Fangen Sie den Schüler auf, indem Sie Ihre ganze Konzentration fokussieren und auf seinen Schmerz und seine Hoffnungslosigkeit hören (Tipp 35). Ihre Antwort könnte dann lauten: *„Ja, das klingt als hättest du die Nase wirklich voll von Tipps, die in deiner Situation nutzlos sind?“* Damit haben Sie es geschafft, Ärger und persönli-

› Tipp 35

che Betroffenheit komplett auszublenden und dafür die Sorgen eines jungen Menschen, der ohnehin schon viel Negatives in seinem kurzen Leben erfahren hat, ernst zu nehmen. Seine Antwort könnte lauten: „*Ja genau! Und wenn Sie im Heim leben würden und mein Leben kennen würden, dann wüssten Sie, dass das großer Mist ist.*" Um ihm weiterzuhelfen, sagen Sie: „*Wenn dir jemand was beibringt, dann willst du auch darauf vertrauen können, dass dieser jemand wenigstens ein bisschen was über dich und dein Leben weiß!*" Sehr wahrscheinlich wäre die Antwort des Schülers: „*Verdammt richtig!*"

persönliche Betroffenheit ausblenden

Sie sehen also, wenn man sich persönlich zurücknehmen kann und versucht, dem Gegenüber mit Empathie (Tipp 20, 26) zuzuhören, kann man Konflikte erfolgreich vermeiden und viel Energie sparen.

› Tipp 20, 26

SOS-Tipp

Sich persönlich zurückzunehmen und mit Empathie zuzuhören, ermöglicht es Ihnen, zu sehen, dass Menschen (egal ob Schüler, Eltern, Kollegen, Vorgesetzte, Freunde), „die Ihnen als Monster erscheinen, einfach menschliche Wesen sind, deren Sprache und Verhalten uns manchmal davon abhalten, ihre Menschlichkeit wahrzunehmen. Je besser es Ihnen gelingt, Ihre Aufmerksamkeit auf deren Gefühle und Bedürfnisse zu fokussieren, desto mehr sehen Sie in ihnen Menschen voller Verzweiflung, deren Bedürfnisse sich nicht erfüllten" (Rosenberg 2013, 138 f.).

Verdrängen Sie das „ABER" in sich: – „Aber nicht in diesem Ton ...", „Aber denk doch mal an ...". Damit gehen Sie automatisch in eine Konfrontationsposition und Ihr Konfliktpartner fühlt sich nicht verstanden, sondern nur zurechtgewiesen. Damit können wir keinen Konflikt vermeiden. Das ist sehr konfliktförderlich und für uns, die wir an uns arbeiten wollen, um besser mit Konflikten umzugehen, absolut kontraproduktiv.

verdrängen Sie das „ABER" in sich

„Wenn Sie sich beispielsweise die Fähigkeit angeeignet haben, Kritik mit menschlicher Würdigung und Fürsorge zu verbinden und/oder die Kritik aus der eigenen Betroffenheit herauszuarbeiten und als Wunsch zutage treten

zu lassen, dann stehen die Chancen besser, dass Sie den anderen erreichen, statt ihn zu verletzen oder an seiner Abwehrmauer abzuprallen" (Benien 2010, 8).
Also, atmen Sie tief durch, hören Sie aktiv zu und schalten Sie Ihr ‚Sachohr' ein, dann sind Sie der Konfliktbewältigung schon ein großes Stück näher!

24 Authentisch sein/bleiben

Um Konflikte vermeiden oder patenter und kompetenter mit ihnen umgehen zu können, sollten wir uns ‚Fähigkeiten' aneignen und diese nicht bloß erwerben, sagt Karl Benien. Denn, so fährt er fort, diese Kompetenzen sind von einer besonderen Art: „Sie wollen mit der je eigenen, so oder so gearteten und gewordenen Menschlichkeit verschmolzen werden. Andernfalls nehmen Sie die elende Gestalt eines antrainierten Gehabes an und wirken kontraproduktiv" (ebd., 8).

wir selbst bleiben

Karl Benien meint damit, dass wir mit all dem, was wir uns aneignen, und ganz besonders die Kompetenzen zur Gesprächsführung, stets wir selbst bleiben müssen. Gelingt uns dies nicht, wirken wir auf andere unecht und sogar unglaubwürdig und das ist sicher das Letzte, das wir wollen. Das hat natürlich auch zur Folge, dass es kein Patentrezept für erfolgreiche Kommunikation gibt, sondern lediglich eine Handlungsorientierung, die auf die unterschiedlichen Gesprächstypen übertragbar ist. Im Vordergrund steht dabei eindeutig, dass Sie authentisch sind und unabhängig von jeder Veränderung und Weiterentwicklung dies auch bleiben.
Im Klassenzimmer ist dies besonders wichtig, da Schüler sehr feine Antennen haben, was die Glaubwürdigkeit einer Lehrkraft angeht. Handeln Sie von Beginn an klar und explizit, können sich die Schüler darauf einstellen und Ihre Beweggründe nachvollziehen. Bleiben Sie konkret und re-

den Sie nicht um den ‚heißen Brei' herum, so haben Sie keinen Grund auszuweichen oder abzulenken. Wirken Sie selbstgeklärt und nicht innerlich durcheinander, so senden Sie auch keine Doppelbotschaften, die leicht zu Missverständnissen führen (Tipp 3). Sprechen Sie in der „Ich-Form" (Tipp 93) statt nur von „man" und „es" und übernehmen Sie Verantwortung, für das, was Sie sagen und tun. Äußern Sie Wünsche offen, statt andere zu manipulieren oder ihnen Vorwürfe zu machen. Hören Sie aktiv zu (Tipp 90), statt sich automatisch zu rechtfertigen und zu verteidigen oder ständig selbst zu reden und abzuschweifen. Seien Sie anderen gegenüber achtungsvoll und haben Sie Achtung vor sich selbst (vgl. ebd.).

› Tipp 3
› Tipp 93
› Tipp 90

All die genannten Faktoren tragen dazu bei, dass Sie, unabhängig von Situation und Gesprächspartner, Sie selbst bleiben können und sich treu sind. Damit verstärken Sie Ihre Glaubwürdigkeit und Ihre Wirkung auf Schüler und andere Menschen und werden als ernstzunehmendes Gegenüber gesehen.

Aufbauen einer Beziehungsebene

25

Im Schulalltag bewährt es sich, ganz gleich, welche Schulart, wenn der Wissens- und Wertevermittlung das Schaffen einer Beziehungsebene vorausgeht. Damit möchte ich sagen, dass Schüler, die sich auf eine Lehrkraft einstellen können, die wissen, welche Prioritäten sie setzt (Tipp 21), die wissen, dass die Devise miteinander und nicht gegeneinander im Klassenzimmer lautet, die spüren, dass sie wertgeschätzt werden, auch in ihrer unendlichen Vielfalt, die aktiv mitgestalten (Tipp 27) und Verantwortung übernehmen dürfen (Tipp 39), viel eher zu einer aktiven und produktiven Mitarbeit bereit sind und wesentlich seltener zu Unterrichtsstörungen tendieren als solche Schüler, die nur „beschult" werden. Die Zeit, die es dauert, eine solche Vertrauensbasis herzustellen, ist sinnvoll investiert und die aufgewendete

› Tipp 21

Devise miteinander

› Tipp 27
› Tipp 39

Energie dafür bekommen Sie mehrfach zurück, wenn der „Laden" grundlegend läuft. Dann dürfen Sie sich auch mit Kritik mal etwas weiter aus dem Fenster lehnen, ohne dass Ihre Schüler sauer oder gar aggressiv darauf reagieren. Es ist so viel leichter, Späße ohne schlechtes Gewissen zuzulassen, weil Sie die Schüler besser einfangen und zum Wesentlichen zurückholen können, wenn Sie sich gegenseitig vertrauen. Außerdem gelingt es Ihnen so viel besser, Ihre Schüler zu motivieren und eine eigenverantwortliche Arbeitshaltung zu bewirken. Sie haben grundsätzlich einen wesentlich besseren Zugang zu Ihren Schülern und diese sind tatsächlich sehr dankbar, wenn sie feststellen, dass hinter der korrekten und pflichtbeflissenen Lehrkraft auch ein Mensch steckt, der Dinge zulässt und eigene Fehler zugibt (Tipp 22). Unsere Menschlichkeit spielt im Klassenzimmer eine enorm große Rolle und unser Bewusstsein, auch selbst einmal jung gewesen zu sein, schafft Verständnis für bestimmte Verhaltensweisen der Jugendlichen. Eine grundlegend positive Einstellung zum Leben, uns selbst gegenüber, zu unserem Beruf und zu anderen Menschen (Tipp 19), hilft uns sehr, von diesen ebenfalls positiv wahrgenommen zu werden.

Lehrkraft = Mensch

› Tipp 22

› Tipp 19

Um die Ecke gedacht

Machen Sie sich von Zeit zu Zeit erneut bewusst, wie Sie von anderen Menschen behandelt werden möchten. Stellen Sie sich dabei unterschiedliche Situationen vor, wie z. B. ein Gespräch mit einer Erzieherin Ihres Kindes, die den Eindruck hat, dass Ihr Kind seine soziale Kompetenz dringend ausbauen muss. Ist es der Erzieherin im Vorfeld bereits gelungen, eine gewisse Beziehung herzustellen, werden Sie die geäußerte Kritik sicher leichter annehmen und auch daran interessiert sein, etwas zu verändern, als wenn diese mit erhobenem Zeigefinger auf Sie zugeht und lediglich im Rahmen ihrer Autorität zurechtweisen möchte. Fühlen Sie sich nicht viel besser aufgehoben, wenn die Erzieherin Sie diesbezüglich nach Ihrer eigenen Einschät-

zung befragt und Sie darum bittet, gemeinsam eine Lösungsstrategie zu erarbeiten und dann miteinander den Erfolg zu dokumentieren? Das geht, unseren Schülern genauso mit uns. Sehen wir dies als einen Ansporn, weiter an uns zu arbeiten, um nicht selbst der Grund für viele unnötige Konflikte zu sein.
Solche Phasen der Bewusstmachung helfen uns, zu verstehen, wie sich andere fühlen, wenn wir mit ihnen umgehen. Die Beziehungsebenen unterscheiden sich dabei natürlich immer und variieren in der Intensität. Grundlegend sollten wir wissen, dass es in der Familie, der Partnerschaft, aber auch im Beruf nie reibungslos zugehen kann, wenn wir Beziehung zulassen. Dafür werden alle Erfahrungen umso intensiver und gerade das ist es doch, was unser Leben wertvoll macht.

Bereitschaft für Empathie mitbringen 26

Carl Rogers (zit. nach Rosenberg 2013, 133) beschrieb die Wirkung der Empathie auf diejenigen, die sie bekommen: „Wenn […] dir jemand wirklich zuhört, ohne dich zu verurteilen, ohne dass er den Versuch macht, die Verantwortung für dich zu übernehmen oder dich nach seinem Muster zu formen – dann fühlt sich das verdammt gut an. Jedes Mal, wenn mir zugehört wird und ich verstanden werde, kann ich meine Welt mit neuen Augen sehen und weiterkommen. Es ist erstaunlich, wie scheinbar unlösbare Dinge, doch zu bewältigen sind, wenn jemand zuhört […]".
In meiner Arbeit mit Mittelschülern konnte ich bereits viele Male spüren und erkennen, wie sich Schüler weiter öffnen und mehr von sich selbst und ihren Problemen/Bedenken erzählen, wenn ich mich selbst öffne und ihnen empathisch zuhöre. Diese Form der Aufmerksamkeit und Kommunikation führte dazu, dass die Schüler sich immer mehr zutrauten, besser lernten und einen neuen Ehrgeiz entwickelten.

Empathie weckt Ehrgeiz

Die investierte Zeit für solche Gespräche zahlte sich mehrfach aus. Jeder einzelne unserer Schüler hat seine eigene Geschichte. Wir können sicher nicht alle kennen und empathisch darauf reagieren, das ist zum Glück auch nicht notwendig. Es genügt vollkommen, wenn wir die grundlegende Fähigkeit zur Empathie mitbringen (Tipp 20) und diese bei einigen Schülern anwenden. Dadurch fühlen sich nicht nur die ‚gehörten' Schüler wahr- und ernstgenommen, sondern auch alle anderen, die zuhören und die Gespräche verfolgen.

› Tipp 20

Im Unterricht gibt es viele Situationen, in denen wir gewissermaßen Angst haben, unsere Autorität oder die Kontrolle zu verlieren, d. h., dass wir uns so gut wie möglich dagegen wehren, verletzt zu werden oder verletzlich zu sein. Gelingt es uns, uns in solchen Situationen auf die Gefühle des/der anderen einzulassen, wird es automatisch auch für uns einfacher, Schwächen oder Ängste zu offenbaren. So halten wir nicht unbeweglich und stur an unserer Position und der damit verbundenen Autorität fest, ohne Einsicht zu zeigen, sondern gehen vielmehr auf die anderen zu und ermöglichen ihnen somit, auch unsere Perspektive nachvollziehen zu können. Die Bereitschaft für Empathie hilft also auch uns selbst weiter.

Gleich mal ausprobieren

Überprüfen Sie bitte, ob hier empathisch kommuniziert wird oder nicht.

1. A: Wie konnte ich nur so blöd sein?
B: Keiner ist perfekt. Sei nicht so streng mit dir!

2. A: Du spielst dich auf, als wärst du der liebe Gott!
B: Bist du frustriert, weil du möchtest, dass gesehen wird, dass man die Angelegenheit auch anders interpretieren kann?

3. A: Ich ärgere mich über meinen Mann. Nie ist er da, wenn ich ihn brauche.
B: Regst du dich auf, weil dir Nähe wichtig ist?

4. A: Es ekelt mich an, dass ich so zugenommen habe!
B: Vielleicht hilft dir Jogging?

Lösung:
Nummer 1 ist eine Beschwichtigung.
Nummer 2 ist eine empathische Reaktion.
Nummer 3 ist eine empathische Reaktion.
Nummer 4 ist ein Ratschlag.
(Rosenberg 2013, 128 f.)

Mitbestimmung ist gewünscht 27

Wenn man, wie wir, mit jungen Menschen arbeitet, ist es sehr wichtig das kleine Wort ‚mit' dabei nicht zu übersehen. Wir wollen miteinander vorankommen und dafür sorgen, dass sich jeder Einzelne weiterentwickeln kann. Ich bin der festen Überzeugung, dass wenn wir Schülern unsere Maßstäbe, Erwartungen und Prinzipien ungehört überstülpen, viel vorhandenes Potenzial unangetastet bleibt und wir viel Anstrengung aufbringen müssen, um wenigstens einige unserer Zuhörer zu erreichen. Das kann uns auf Dauer nicht befriedigen und verstärkt den Gedanken in uns, dass wir Einzelkämpfer sind. Sind solche Gedanken erst mal manifestiert, geht uns die Motivation und die Bereitschaft, uns für andere einzusetzen, schnell verloren. Die dazu passenden Äußerungen aus dem Lehrerzimmer sind Ihnen alle bekannt. Es ist eine große und verantwortungsvolle Aufgabe, unsere eigene Motivation nicht zu verlieren und stets an das Gute in anderen zu glauben. Professionell gesehen ist es sogar unsere Pflicht. Lassen Sie deshalb in Bereichen, wo es möglich ist, Ihre Schüler mitbestimmen. Geben Sie ihnen die Erlaubnis oder vielmehr fordern Sie es ein, dass Schüler ihre eigenen Vorstellungen, Erwartungen und Ideen in den Unterrichtsalltag miteinbringen (Tipp 28, 29, 36, 39). Selbstgesetzte Ziele sind leichter zu verfolgen, als aufoktroyierte und machen in der Regel für jeden Einzelnen auch mehr Sinn. Haben Sie keine Angst vor der Vielfalt der Vorstellungen. Stellen Sie im Unterricht regelmäßig *konstruktive W-Fragen*, wie z. B.

Schüler mitbestimmen lassen

› Tipp 28, 29, 36, 39

- „Was wünscht ihr euch in dieser Woche für Methoden zum Erlernen des ...-Inhalts?“
- „Welche Ideen habt ihr bezüglich dieses Themas?“
- „Wie sollen wir vorgehen?“ (z. B. Referate, Film, Lehrervortrag, GA, PA ...)
- „Welche Vorbereitungen könnt ihr zu Hause treffen, sodass wir im Unterricht euren Wünschen nachkommen können?“
- „Wer möchte zu diesem Thema gerne etwas beitragen?“
- „Wie viel Einsatz möchtet ihr erbringen, um eure Wünsche umsetzen zu können?“
- „Was hat bisher im Unterricht eurer Ansicht nach gut geklappt, wenn es um das Erlernen eines neuen Inhalts geht?“

Sie stellen ernstgemeinte Fragen, die Schüler erfahren, dass ihre Einschätzungen ernstgenommen werden und bringen sich dementsprechend aktiver ein. Schüler sind so auch wesentlicher engagierter und entdecken plötzlich Freude am Tun, vor allem dann, wenn sie nach Durchführung ihrer Aktionen auch noch Lob von Ihnen dafür erhalten. Es ist natürlich klar, dass so viel Mitbestimmung nicht für jedes Thema, jeden Bereich angebracht ist, das wäre auch für alle Beteiligten zu viel verlangt. Es genügt vollkommen, solche Phasen von Zeit zu Zeit mit einzubauen und so die Schüler einzufangen und in den „Aktiv-Modus“ zu versetzen. Dieser Modus bleibt auch dann noch erhalten, wenn Sie in den lehrerzentrierten Unterricht wechseln, die Frage ist nur, ob Sie das dann noch wollen?!

Gleich mal ausprobieren

Nehmen Sie sich ein Fach vor, in dem Sie in nächster Zeit eine neue Sequenz einführen werden. Sicherlich haben Sie dazu bereits verschiedene Materialien und Texte vorbereitet. Befreien Sie sich von diesen Vorlagen und überlegen Sie sich, inwieweit Sie Ihre Schüler beim Erlernen der Inhalte mitbestimmen lassen können. Überlegen Sie sich Fragen, die Sie an die Klasse stellen können, sodass Ihre Schüler sich bereitwil-

lig Gedanken zur Umsetzung im Unterricht machen. Wenn Ihre Schüler diese Art der Mitbestimmung nicht kennen und überfordert wirken, beginnen Sie kleinschrittig mit einer Frage und hangeln sich von Stunde zu Stunde. So erleben die Schüler, was es heißt, Teile einer Unterrichtsstunde mitzugestalten oder in der Vorbereitung etwas zum Stundenverlauf beizutragen.
Diese Art der Mitbestimmung verhilft zur aktiven Teilnahme der Schüler und verhindert ein Verfallen in eine passive Grundhaltung und ein mögliches Lautwerden von Unzufriedenheit. Denn Maßnahmen, die man selbst beschlossen hat, werden nicht grundlos, sondern vielmehr konstruktiv kritisiert.

Gemeinsames Aufstellen von Regeln 28

Zu den wichtigen präventiven Maßnahmen der Konfliktvermeidung zählen gemeinsam aufgestellte und tatsächlich einzuhaltende Regeln. Sie als Lehrkraft wissen bereits, was für Sie im Klassenzimmer notwendig ist, um störungsfrei und produktiv arbeiten zu können (Tipp 13).

› Tipp 13

Um herauszufinden, was Ihre Schüler brauchen, damit sie sich im Klassenverbund wohl fühlen und wo sie sich Grenzen wünschen, beauftragen Sie sie, sich dazu Gedanken zu machen und dies geordnet festzuhalten. Investieren Sie dafür eine Stunde und schaffen Sie die Möglichkeit, dass jeder Einzelne erst für sich überlegt und dann ein Austausch in einer Gruppe stattfindet. Anschließend bringt jede Gruppe ihre gewählten Vorschläge vor und zum Schluss entscheidet die Klasse, gemeinsam mit Ihnen, welche Regeln im Klassenzimmer ab heute Gültigkeit haben. Achten Sie dabei auf eine überschaubare Zahl, sonst wird die Einhaltung unrealistisch. Dazu ist es wichtig, dass nicht nur Sie in der Lage sind, sinnvolle Prioritäten zu setzen (Tipp 21), sondern auch Ihre Schüler. Stimmen Sie daher in der Vorstellungsrunde gemeinsam ab, was für alle wichtig ist.

überschaubare Zahl Regeln

› Tipp 21

Achtung!

Während der Erarbeitung der Klassenregeln nutzen Sie die Zeit, Regeln aufzuschreiben, die für Sie wichtig sind. Präsentieren Sie diese erst, wenn Ihre Schüler mit der Vorstellung ihrer Regeln fertig sind. So können Sie vergleichen und zeigen den Schülern, dass Sie sich auch damit auseinandersetzen und Ihnen diese Regeln wichtig sind. Das fördert den Zusammenhalt und unterstreicht die Sinnhaftigkeit von gemeinsam aufgestellten Regeln.

SOS-Tipp

Eskalationsleiter

Um nicht zu viele Worte für das Einfordern von erstellten Regeln zu brauchen, bietet sich die Einführung einer Eskalationsleiter an.

Diese kann aus vier Stufen bestehen und sichtbar im Klassenzimmer aufgehängt sein.

Möchten Sie einen Schüler daran erinnern, sich an die Regeln zu halten, gehen Sie stets nach dem gleichen Muster vor:

- Erste Stufe: Sie geben dem Schüler einen nonverbalen Hinweis auf den Regelverstoß (Sie zeigen auf die erste Stufe der Leiter)
- Zweite Stufe: Sie geben dem Schüler eine verbale Rückmeldung: „Achte bitte auf die Klassenregel!“ (ohne Nennung der Regel!)
- Dritte Stufe: Sie stellen dem Schüler drei Fragen:
  1. „Was tust du?“
  2. „Wie heißt die Regel?“
  3. „Wofür entscheidest du dich?“ (Regel ab jetzt einhalten oder einen vorbereiteten Plan bearbeiten)
- Vierte Stufe: Der Schüler hat trotz seines Vorsatzes auf der dritten Stufe, das Störverhalten wieder aufgenommen und erhält jetzt von Ihnen die ROTE KARTE. Diese beinhaltet, dass der Schüler die Klasse verlassen muss, um einen sogenannten Auszeit-Plan ernsthaft und vollständig zu bearbeiten (Tipp 69).

› Tipp 69

Gemeinsames Finden von Konsequenzen

29

Was im Schulalltag noch häufig vernachlässigt wird, meiner Überzeugung nach aber als wirklich wichtig einzustufen ist, ist nach dem gemeinsamen Aufstellen von Klassenregeln (Tipp 28) das gemeinsame Finden von passenden Konsequenzen. Finden Sie es nicht lästig und vor allem mühselig, sich immer wieder Aufgaben für Schüler auszudenken, die sich noch nicht an die Vereinbarungen halten? Oder diese ständig mit zusätzlichen Arbeitsblättern zu versorgen, von denen Sie ausgerechnet dann keines zur Hand haben, wenn Sie es brauchen? Oder Sie geben dem Schüler ein Blatt und wissen nicht mehr, dass er dieses schon vor einiger Zeit wegen genau demselben Vergehen bearbeitet hat? Da macht es doch viel mehr Sinn, die Konsequenzen in Schülerhand zu geben und passend zum jeweiligen Vergehen zu erstellen. Gemeinsam überlegen die Schüler, nachdem die Regeln miteinander bestimmt wurden, was für Konsequenzen sie für sinnvoll und umsetzbar halten und gleichen diese anschließend mit Ihnen und Ihren Vorstellungen ab. Dann werden die Konsequenzen so im Klassenzimmer veröffentlicht, dass der Zusammenhang zwischen Regel und Konsequenz für jede Lehrkraft und jeden Schüler ersichtlich ist. Das erspart Ihnen viele Worte und Sie können Ihre Zaubertasche mit extra Aufgaben beruhigt zu Hause lassen. Sie zeigen lediglich noch auf die Konsequenz und fordern diese in der nächsten Stunde ein.

› Tipp 28

sinnvolle und umsetzbare Konsequenzen

Beispiele für mögliche Konsequenzen:

- Schüler isst während der Stunde. → Schüler backt einen Kuchen für die Klasse.
- Schüler stört durch ständiges Reden den Unterrichtsablauf. → Schüler übernimmt die fünfminütige Vorstellung eines aktuellen Themas im Plenum zu Beginn der nächsten Stunde.
- Schüler entsorgt seinen Papiermüll auf dem Boden. → Schüler übernimmt für eine Woche den Kehrdienst im Klassenzimmer.

Beispiele für Konsequenzen

- Schüler vergreift sich regelmäßig im Ton und benutzt unsachgemäße Äußerungen. → Schüler erstellt eine Liste mit höflichen Formulierungen, die im Klassenzimmer ausgehängt wird, nachdem sie von den Mitschülern für gut befunden wurde.

Diese Konsequenzen stammen von meinen Mittelschülern, die sich sehr engagiert eingebracht haben und auch darauf achten, dass die Konsequenzen angemessen erledigt werden, wenn ein Regelverstoß vorliegt.

30 Wirkung eigener Sprache einschätzen

Wenn wir wollen, dass unsere Kommunikation dazu beiträgt, Konflikte zu vermeiden, haben wir dazu die Möglichkeit, indem wir uns unserer eigenen Sprache und deren Wirkung auf andere bewusst werden. Erinnern Sie sich an das ‚Gleich mal ausprobieren' zu Tipp 7, in dem ich erwähnte, dass es leicht zu Missverständnissen kommen kann, wenn der Sender innerlich im Chaos ist und dann eine Aussage macht? Eine solche Äußerung wird häufig missverstanden und falsch interpretiert und so entsteht schnell ein Konflikt. Möchten Sie also, dass Ihre Schüler sie so verstehen, wie Sie es selbst auch wollen, dann scheuen Sie sich nicht vor Ich-Botschaften (Tipp 93), mit welchen Sie ganz klar sagen können, was Sie wollen, brauchen oder verlangen. Verzichten Sie bewusst auf sogenannte Unwörter wie „man", „sollte", „müsste", „Recht darauf haben", „gehört sich so" oder „war hier schon immer so". Verzichten Sie bitte auf **unpersönliche Pronomen** wie „es" und „das" („*Das geht mir total auf die Nerven.*") und auf **Aussagen, die nur das Verhalten von anderen beinhalten** („*Wenn du nicht jeden Tag deine Hausaufgaben vorlegst, machst du mich sauer.*").

› Tipp 7
› Tipp 93

Achten Sie bitte auch darauf, dass dem Ausdruck *„Ich fühle mich …, weil …"* nichts anderes folgt als „ich" („***Ich fühle** mich verletzt, **weil ich** eine angemessene Sprache im Klassen-*

zimmer ***brauche****."* → Im Gegensatz zu: *„****Ich fühle*** *mich verletzt,* ***weil du*** *mich so frech anredest!"*)
Mit der letzten Formulierung geben Sie die Verantwortung ab und machen Ihre eigene Position nicht klar. Wollen Sie das Verhalten von den Schülern nur, weil es eine alte Schulregel ist oder stehen Sie selbst dahinter und die Umsetzung ist Ihnen tatsächlich ein Anliegen? Übernehmen Sie unbedingt die Verantwortung für das, was Sie sagen. Das steigert Ihre Glaubwürdigkeit und stärkt Ihre Autorität. Machen wir uns also bewusst, dass sobald wir über andere urteilen, wir eigentlich über unsere eigenen Bedürfnisse sprechen, die nicht erfüllt werden. Dann fällt es uns sicher leichter, Dinge so zu formulieren, dass dadurch unsere Bedürfnisse erfüllt werden.

Verantwortung für Gesagtes übernehmen

Ein Beispiel aus dem Schulalltag: Sie beschimpfen einen Schüler als chaotisch und unzuverlässig, weil dieser seine Einträge nach eigenem Ermessen in seinen Ordner geheftet hat. Dahinter steckt Ihr eigenes Bedürfnis nach einer gewissen Struktur, die Sie eingehalten wissen möchten. Lassen Sie Ihren Schüler genau wissen, wie wichtig Ihnen eine sinnvolle Struktur im Ordner ist und bitten Sie ihn um die Erfüllung dieses Wunsches. Auf diese Art fühlt er sich nicht minder und angegriffen, und muss deshalb auch keine Energie in die Verteidigung investieren, sondern kommt Ihrem Wunsch (sofern möglich) nach.
Sobald Sie damit beginnen, über das zu sprechen, was Sie brauchen, statt darüber, was mit dem anderen nicht stimmt, steigt die Wahrscheinlichkeit, einen Weg zur Erfüllung aller Bedürfnisse zu finden, dramatisch an (vgl. ebd.).

Gleich mal ausprobieren

Bitte markieren Sie bei den folgenden Äußerungen die Aussagen, in der der Sprecher Verantwortung für seine Gefühle übernimmt:

1. Ich bin frustriert, wenn du zu spät zur Konferenz kommst.
2. Ich bin dankbar, dass du mir die Stunde abgenommen hast, weil ich gerade so viel korrigieren muss.

3. Du verärgerst mich, wenn du die Noten meiner Klasse so offen herumliegen lässt.
4. Ich bin ärgerlich, wenn du das sagst, weil ich Respekt möchte und ich verstehe deine Worte als Beleidigung.
5. Ich bin enttäuscht darüber, dass Sie nicht zur Sprechstunde gekommen sind, weil ich gehofft hatte, wir könnten über das Verhalten Ihres Kindes sprechen.

Lösung:
1. Hier wird das Verhalten des anderen für die eigenen Gefühle verantwortlich gemacht. Sinnvoller wäre es, zu sagen: „Ich bin frustriert, wenn du zu spät zur Konferenz kommst, weil es mir wichtig ist, dass wir pünktlich beginnen."
2. Das Wörtchen „muss" ist hier eher als Strategie zur Erfüllung eines Bedürfnisses zu interpretieren, damit ziehen wir uns aus der Verantwortung. Es wäre besser, zu sagen: „...weil es mir wichtig ist, die Korrektur heute noch abzuschließen."
3. Das Verhalten des anderen ist schuld an den eigenen Gefühlen. Eine bessere Möglichkeit wäre hier: „...weil ich Wert auf Vertraulichkeit lege."
4. Hier übernimmt der Sender die Verantwortung für seine Gefühle und hängt eine Erklärung an.
5. Siehe Nummer 4.

31 Auf Formulierung achten

Für gut funktionierende Kommunikation im Unterrichtsalltag ist es wichtig, mit unseren Schülern in Kontakt zu treten. Das gelingt einerseits, indem wir uns darauf einstimmen, was sie beobachten, fühlen und brauchen und zu erkennen, welche Bitte hinter einer Aussage steckt. Andererseits ist es wichtig, dass wir selbst *beobachten*, was in einer Situation tatsächlich geschieht, *ohne sie zu bewerten*. Danach sprechen wir aus, was wir fühlen, wenn wir diese Situation beobachten und sagen im nächsten Schritt, welche Bedürfnisse hinter unseren Gefühlen stehen. Dabei gilt folgende Struktur: Beobachtung → Gefühle → Bedürfnisse

Ein Beispiel: Ein Schüler wirft seine Papierreste der Kunststunde einfach auf den Boden und hofft, dass die Lehrkraft darüber hinwegsieht.
Lehrkraft: „…, ich ärgere mich, wenn ich Papierreste eines Schülers auf dem Boden sehe, weil ich in unserem Klassenzimmer mehr Ordnung brauche.
Dann macht es Sinn, eine spezifische Bitte anzuhängen: *„Hebe bitte deine Schnipsel auf und entsorge sie angemessen im Papiermüll."*
Wie können Sie auf negative Äußerungen von Schülern reagieren? Hier ein Beispiel dazu:
Schüler: *„Ich mach den Scheiß nicht, weil ich keinen Bock drauf habe!"*
Lehrkraft: *„Ich bin enttäuscht, dass du dich nicht an unsere Abmachung hältst, weil es mir echt wichtig ist, dass du deinen Beitrag leistest."*
oder
Lehrkraft: *„Dass du darauf keine Lust hast, irritiert mich wirklich, weil ich befürchte, dass du dann den Anschluss verlierst."*
oder
Lehrkraft: *„Ich bin echt sauer, wenn in meinem Unterricht Arbeitsanweisungen nicht umgesetzt werden, weil mir wichtig ist, dass jeder etwas bei mir lernt und vorankommt."*
Sie sehen, es gibt viele Möglichkeiten, auf eine vordergründig freche Äußerung eines Schülers so zu reagieren, dass kein Konflikt heraufbeschwört wird und Sie dennoch unmissverständlich klar machen, was Sie wollen und erwarten.

SOS-Tipp

Wenn wir unsere Gefühle auch im Berufsalltag thematisieren wollen, fehlen uns häufig abwechslungsreiche und treffende Gefühlsbezeichnungen. Dafür habe ich eine Auswahl für Sie zusammengestellt, die es Ihnen erleichtern soll, Gefühle so treffend wie möglich zu verbalisieren: erschrocken, verletzt, entsetzt, angegriffen, betrogen, benutzt, ausgenutzt, missverstanden, zurückgewiesen, nicht ernst genommen, herabgesetzt, nicht respektiert, unterdrückt, übergangen, sabotiert, provoziert, irritiert, froh, amüsiert, erstaunt, beschwingt, befreit, begeistert, hoffnungsvoll, zuversichtlich, lebendig, entspannt, angenehm überrascht ...

Schülerkommunikation positiv beeinflussen

32

› Tipp 30, 31

› Tipp 28

Gleich zu Beginn eines Schuljahres empfiehlt es sich, den Schülern als kommunikatives Vorbild zu begegnen (Tipp 30, 31) und von Anfang Wert auf einen angemessenen Wortschatz und eine stimmige Formulierung zu legen. Bereits bei der Festlegung der Klassenregeln (Tipp 28) können Sie darauf achten, dass alle Regeln positiv formuliert (positive Formulierung) werden und das Wort „nicht" vermieden wird. Erklären Sie Ihren Schülern, dass Sie an alles denken sollen, was sie im Unterricht brauchen, um gut arbeiten zu können. Dann fällt eine positive Aussage viel leichter, als wenn sie darüber nachdenken, was sie stört.

Ein Beispiel:
bisherige Regel → Wir rufen nicht raus!
neue Regel → Wir melden uns, bevor wir sprechen!
Wir achten darauf, nur Dinge zu erwähnen, die wir im Klassenzimmer haben wollen und lassen alles andere weg.

Lassen Sie Ihre Schüler von Anfang an eine Begründung für ihre Meinung oder Einstellung geben. Sie fordern damit ein, dass sich die jungen Menschen Gedanken zu einer Sache machen und einen konkreten Grund für ihre Äußerung nennen. Das macht die Schüler glaubwürdiger (auch in der außerschulischen Welt!) und schult ihr Verständnis für Zusammenhänge.

Ein Beispiel: *„Ich finde das nicht so gut."* → sagt ein unreflektierter Schüler.

„Ich finde das nicht so gut, weil mir die Geschichte zu kompliziert ist." → sagt ein reflektierter Schüler, der von Ihnen angeleitet wurde, seine Meinung zu begründen.

Sie können diese Struktur noch weiter ausbauen, indem Sie verlangen, dass dem Grund noch ein Wunsch folgt, z. B.: *„Ich finde das nicht gut, weil mir die Geschichte zu kompliziert ist. Ich brauche eine zusätzliche Erklärung, um mit dem Inhalt klarzukommen."*

Bestärken Sie Ihre Schüler außerdem, Kritik zu üben, achten Sie aber stets darauf, dass dies konstruktiv geschieht. Das heißt, ein Schüler ist anderer Meinung und fügt dann aber noch einen Verbesserungsvorschlag an.

konstruktiv Kritik üben

Ein Beispiel:
„Also, das ist ja wohl der totale Krampf. Fällt dir eigentlich nichts Besseres ein?" → sagt ein unreflektierter Schüler.
„Lukas, ich bin da anderer Meinung. Ich sehe den Mann eher als Familienvater, was meinst du?" → sagt ein reflektierter Schüler, den Sie positiv beeinflusst haben.

Wenn Sie beobachten, dass die Schüler vor allem untereinander einen rauen Ton anschlagen, wenden Sie die Methode der „Ärgerrunde" an, um an einer Dreiteiligkeit einer Äußerung zu arbeiten. Ziel der sogenannten „Ärgerrunde" ist es, z. B. nach der Pause, dem Ärger kurzfristig Raum zu geben, ohne ihn im Ganzen bis zur einvernehmlichen Lösung ausführlich zu besprechen. Dabei achten die Schüler stets darauf, dass ihre Mitteilung aus drei Teilen besteht:

Dreiteiligkeit einer Äußerung

1. dem Gefühl, das einen gerade bewegt
2. dem Grund dafür
3. dem Wunsch, den man an einen anderen hat, damit dieser Ärger wieder nachlässt (positiv formuliert)

Ein Beispiel:
„Ich bin echt sauer, weil du immer wieder Stifte aus meinem Mäppchen genommen hast und ich möchte, dass du mich ab jetzt vorher fragst."

So können Sie Äußerungen wie, *„Hey, du Arsch – Pfoten weg von meinen Stiften!“* zumindest einschränken und auf jeden Fall ein Bewusstsein für einen höflichen und respektvollen Umgangston untereinander schaffen.

› Tipp 26

Wenn es Ihnen dann noch gelingt, sich selbst an solche Formulierungen zu halten und Sie den Schülern empathisch zuhören (Tipp 26), dann wird kommunikativ ein großer Ruck durch Ihr Klassenzimmer gehen!

Gleich mal ausprobieren

Versuchen Sie, folgende Regeln so positiv umzuformen, dass die Regel ein Gebot und kein Verbot darstellt. Verzichten Sie auf „nicht“, „ohne“ und „man“, beschreiben Sie das erwartete Verhalten so, dass es beobachtet werden kann.

Alte Regel	Mögliche Lösung
Man benutzt keine Schimpfwörter!	Wir sprechen respektvoll miteinander.
Nicht prügeln!	Wir klären einen Streit mit Worten.
Wir essen nicht während des Unterrichts.	Wir essen in der Pause.
Niemand wird ausgelacht!	Wir zeigen jedem Respekt und Wertschätzung.
Wir stören keinen bei der Arbeit!	Wir konzentrieren uns auf uns und lassen andere arbeiten.
Meckere nicht sofort, wenn man dir einen Vorschlag macht.	Höre erst genau zu und überlege dann, bevor du sprichst.
Träume nicht mit offenen Augen.	Sei aufmerksam.
Lenke nicht vom Thema ab!	Wir bleiben beim Thema.

Üben, Konflikte gewaltfrei zu regeln

33

Kurt Singer ist der Meinung, dass wir als Lehrer den Jugendlichen die Erfahrungen in gewaltfreier Konfliktlösung bewusst machen sollen. Greifen Sie immer wieder Beispiele auf, anhand welcher die Schüler anschaulich einsehen können, wie Rücksichtnahme das Leben erleichtert, sowohl ihr eigenes als auch das der anderen. Geben Sie Ihren Schülern die Möglichkeit, zu lernen, wie sie miteinander streiten können, ohne sich zu verletzen, indem sie Rollenspiele verwenden. Machen Sie deutlich, dass es wichtig ist, die Angst oder Wut in einem Streit nicht zu unterdrücken, aber dennoch darauf zu verzichten, den anderen zu erniedrigen oder ihn zu beschimpfen (Tipp 32). Üben Sie mit Ihren Schülern ein, wie sie diskutieren können, ohne aggressiv zu sein und wirklich lernen, anderen zuzuhören. Zeigen Sie Schülern auf, wie Feindbilder zwischen Lehrern und Schülern entstehen (Beispiele von Verhaltensweisen) und machen Sie Schüler dadurch bewusster für ihr eigenes Tun. Fragen Sie in Problemsituationen nach den Ursachen (Tipp 65), sodass sich der Schüler wertgeschätzt fühlt und sicher sein kann, dass Sie ihm zuhören. Sprechen Sie mit Ihren Schülern darüber, dass es sehr wichtig ist, sich für unangemessenes Verhalten zu entschuldigen und dass eine Wiedergutmachung (Tipp 71) sehr wertvoll ist. Das Aufgreifen der oben genannten Inhalte wirkt präventiv und macht Zusammenhänge bewusst. Sie schulen die soziale Kompetenz Ihrer Schüler fachunabhängig und bereichern damit das gesamte Schulleben.

Streiten in Rollenspielen lernen

› Tipp 32

› Tipp 65

› Tipp 71

Um die Ecke gedacht

Rollenspiele mit Praxis- oder Alltagsbezug helfen uns, unserem erzieherischen Auftrag nachhaltig nachzukommen. Als mündige Bürger brauchen unsere Kinder eine angemessene Streitkultur, die es ihnen ermöglicht, ihre eigenen Bedürfnisse kundzutun und Kritik zu üben, ohne dabei als radikale und rücksichtslose ‚Eigenbrödler' dazustehen.

Auf eigene Körperhaltung achten

34

Ich möchte in diesem Tipp gleich vorwegschicken, dass wir Körperhaltung und non-verbale Gesten stets im Zusammenhang mit anderen Faktoren interpretieren. Dazu gehören Faktoren wie z. B. die Eigenschaften des Kommunikators (z. B. sozialer Status, Charakter, Geschlecht, Alter, Lebensgeschichte), die soziale Situation, die jeweiligen kulturellen Bedingungen, die Ziele und Interessen der Beteiligten und auch die besprochenen Inhalte (vgl. Ljubas/Hornung 2007).

Machen wir uns darüber hinaus bewusst, dass Körperhaltung und deren Wirkung von unterschiedlichen Menschen unterschiedlich interpretiert oder empfunden wird. So kann es passieren, dass der eine Schüler eine Geste der Lehrkraft als irritierend empfindet, während genau dieselbe Geste bei einem anderen Schüler als Bestätigung interpretiert wird.

frei im Raum stehen

Grundlegend gut ist es, wenn Sie frei im Raum stehen können in einer entspannten, den Schülern zugewandten und wachen Körperhaltung. So vermitteln Sie Präsenz und ebenfalls die Bereitschaft zur Kommunikation. Mit ‚frei im Raum' meine ich, dass Sie sich nicht hinter dem Pult, dem Overhead-Projektor oder Ihren verschränkten Armen und Beinen verschanzen und sich so den Schülern entziehen. Wenn Sie immer wieder gerne mit verschränkten Armen am Pult lehnen, dann ist das sicher bequem für Sie und wir wollen nicht mehr hineininterpretieren als genau diesen Bequemlichkeitsfaktor. Sollten Sie sich dauerhaft oder überwiegend in der genannten Art den Schülern präsentieren, versuchen Sie sich doch von Zeit zu Zeit mehr zu öffnen.

Zeigefinger kontrollieren

In einer Konfliktsituation wie z. B., wenn ein Schüler Sie aus seiner Bank heraus provoziert, ist es günstig, den Zeigefinger in der Hand zu behalten, um eine Zurechtweisung nicht auf eine Verdeutlichung der bestehenden Hierarchien zu reduzieren. Gehen Sie sicher auf den Schüler zu, um ihm zu signalisieren, dass er Ihre volle Aufmerksamkeit hat und gestikulieren Sie behutsam mit offenen Händen. Sobald Sie sich Ihrer eigenen Körpersprache bewusst sind, gelingt auch eine klarere Kommunikation mit anderen. Es ist sehr sinnvoll, wenn dieser Bewusstmachung der Vorgang des sich Klarwerdens, was Sie brauchen (Tipp 13) vorausgeht. Eine innere Sicherheit und Ordnung hilft Ihnen, eine ruhige und präsente Körperhaltung einzunehmen und so auf Ihre Schüler zu wirken, wie es sowohl Ihnen als auch den Schülern angenehm ist.

› Tipp 13

SOS-Tipp

Jeder von uns hat sich im Laufe der Ausübung des Lehrerberufs bestimmte Körperhaltungen angeeignet, die wir selbst nicht besonders passend finden und von denen wir vermuten, dass sie auch bei der Schülerschaft nicht positiv interpretiert werden. Dennoch gibt es so etwas wie einen Gewohnheitsfaktor, der uns bisweilen daran hindert, diese Haltung zu durchbrechen und Neues auszuprobieren. Man könnte von einer gewissen „Betriebsblindheit" an der eigenen Person sprechen. Oder wir haben uns mit unserer eigenen Körpersprache bis dato noch nicht ernsthaft auseinander gesetzt, sind nun aber an unserer Wirkung auf andere interessiert. Dann haben Sie verschiedene Möglichkeiten, etwas über sich selbst und Ihr Wirken auf andere herauszufinden.

1. Befragen Sie Ihre Schüler anonym zu Ihrer Körperhaltung und Ihrem non-verbalen Ausdruck (selbst erstellter Fragebogen).

2. Bitten Sie einen Kollegen Ihres Vertrauens als Beobachter in Ihren Unterricht und werten Sie dessen Rückmeldung aus.

3. Installieren Sie eine Kamera und filmen Sie sich selbst.

Um ganz sicherzugehen, ist es natürlich auch möglich, alle drei Methoden anzuwenden.

Verschlüsselte Botschaften hören und entschlüsseln

35

> Tipp 5

Erinnern Sie sich an Tipp 5 und Begriffe wie ‚Konfrontationssprache'? Nun, es geht darum, dass wir lernen, auf das zu hören, was hinter den verletzenden Worten steckt, die unser Gegenüber auf uns loslässt, ganz gleich, in welcher Beziehung diese Person zu uns steht. Im Klassenzimmer kommt es regelmäßig vor, dass uns ein oder mehrere Schüler, teils aus der Not heraus, teils sehr bewusst, mit angreifender Sprache konfrontieren. Ich sage aus der Not heraus, weil es viele Schüler gibt, die es nicht besser können oder wirklich eine Not wie z. B. Überforderung, Langeweile, fehlenden Respekt, fehlende Wertschätzung, fehlende Empathie oder Ähnliches spüren und dies nicht sachgemäß artikulieren können. Sobald man emotional verwickelt ist oder eine große Emotion auslöst, wird es sehr schwierig, sich sachgemäß zu äußern. Wenn wir nun auf solche Aussagen persönlich beleidigt reagieren oder einen ebenso verletzenden Ton anschlagen, befinden wir uns mitten in einem Konflikt (Tipp 7), den wir, wenn wir professionell handeln, vermeiden können. Wir gehen mit einer positiven Grundhaltung (Tipp 19) auf den Schüler zu und hören auf das, was sein eigentliches Bedürfnis hinter dem verbalen Angriff ist. Wir konzentrieren uns sozusagen auf das „Rohmaterial", das der Angreifer uns unbewusst liefert. Das erfordert viel Routine und eine gewisse Souveränität, allem voran erfordert dieses Vorgehen viel Übung. Nehmen Sie sich selbst zurück (Tipp 23) und hören Sie Ihren Schülern empathisch zu (Tipp 26), dann sind Sie auch in der Lage, deeskalierend zu kommunizieren.

> Tipp 7
> Tipp 19
> auf das „Rohmaterial" konzentrieren
> Tipp 23
> Tipp 26

Achtung!

Es gibt Schüler, die legen es auf einen Streit an. Denen geht es nicht um eine Äußerung ihrer Bedürfnisse, weil sie ein Problem haben, sondern sie „stänkern" einfach nur. Befreien Sie sich gleich von dem Druck, alle verstehen zu können. Das wäre eine zu schwere Last. Bei allen Tipps gehe ich von Schülern, Eltern, Kollegen und Vorgesetzten aus, die

grundsätzlich schon ein ehrenwertes Interesse am gemeinsamen Aus- und Vorankommen haben, allerdings mit unterschiedlichen Vorstellungen. Für alle anderen sehen Sie die Tipps in diesem Buch als Bereicherung für sich selbst. Denn mit diesen Hilfestellungen gehen Sie sicherer und entspannter durch den Schulalltag, auch wenn Sie nicht jeden erreichen.

Gleich mal ausprobieren

Versuchen Sie, aus den folgenden Äußerungen das tatsächliche Bedürfnis herauszuhören, das der jeweilige Schüler hat, ohne die anklagende Sprache zu beachten.

1. „Die Lehrer hier an der Schule sind doch echte Pappnasen. Die stehen nur rum und machen nichts!"

2. „Mann, kümmern Sie sich um Ihren eigenen Dreck!"

3. „Auf diesen Scheiß habe ich jetzt echt keinen Bock mehr!"

4. „Sie machen doch eh immer nur großes Blabla!"

5. „Ja, typisch. Hauptsache wir waren mal wieder zu blöd für alles!"

6. „Sie wissen doch selber nicht, wovon Sie da schwafeln!"

7. „Was war das eigentlich wieder für eine beschissene Schulaufgabe?"

8. „Ja, ja und nachher im Lehrerzimmer wieder schön über die doofen und faulen Schüler ablästern!"

9. „Hey, Sie zwingen mich zu gar nichts!"

10. „Kratzt mich nicht die Bohne! Da kann ich gerne mal meinen Vater mitbringen, der ist Anwalt und kennt sich gut aus!"

Mögliche Lösungen (als Antwort der Lehrkraft):

1. „Du bist unzufrieden, weil du möchtest, dass sich die Lehrer hier mehr engagieren, wenn es Probleme gibt?"

2. „Du bist echt sauer, weil du willst, dass ich mehr Vertrauen zu dir habe?"

3. Es ärgert dich, dass wir nichts anderes ausprobieren?

4. „Du bist frustriert, weil du möchtest, dass ich halte, was ich verspreche?"

5. „Du bist sauer, weil du dir mehr Wertschätzung von mir erhoffst?"
6. „Du bist enttäuscht, weil du mehr Sicherheit von mir brauchst?"
7. Du bist enttäuscht, weil du gehofft hattest, dass die Inhalte leicht werden?
8. „Du hast große Bedenken, dass ich dir etwas anderes sage als meinen Kollegen?"
9. „Du fühlst dich gezwungen, Dinge zu tun, die du gerne selbst entscheiden möchtest?"
10. „Du vertraust meinem Urteil nicht und fühlst dich dieser Situation alleine nicht gewachsen?"

Regelmässige Evaluation durch Schüler

36

› Tipp 25

anonymen Fragebogen ausgeben

Ihre Schüler sind Ihre ständigen Beobachter und Begleiter, d. h., sie haben auf jeden Fall ein Bild von Ihnen. Sie kennen Ihre Art zu sprechen, Ihre Mimik und Gestik, sie wissen, wie Sie mit Schülern umgehen und können Ihre Wirkung auf andere einschätzen. Da ist es doch nur förderlich, wenn wir diese Meinung von Zeit zu Zeit abfragen, um uns selbst zu evaluieren. Wenn es Ihnen gelingt, eine von Vertrauen und Wertschätzung geprägte Beziehung mit Ihren Schülern aufzubauen (Tipp 25), können Sie auch sicher sein, dass Sie ehrliche Antworten und ernstgemeinte Einschätzungen von den jungen Menschen erhalten. Es bietet sich an, eine solche Abfrage in Form eines anonymen Fragebogens zu gestalten, sodass sich jeder traut, ehrlich zu antworten. Werten Sie die Fragebögen dann genau aus und weihen Sie Ihre Schüler in die Auswertung mit ein, das schafft ein noch größeres Vertrauen und zeigt ganz klar, dass Ihnen die Einschätzung Ihrer Schüler wirklich wichtig ist. Erklären Sie auch, welche Bereiche Sie in der nächsten Zeit besonders beachten werden, dann erhalten die Jugendlichen einen Fokus bei ihrer künftigen Wahrnehmung. Das ist eine sinnvolle Möglichkeit, um die Schüler bei der „Stange" zu halten und keine

Ermüdung bei der Befragung festzustellen. Auf diese Art profitieren beide Seiten enorm von der Evaluation.
Diese Form der Befragung bietet sich natürlich auch an, wenn sie eine Rückmeldung über Methoden, Einhaltung der vereinbarten Regeln oder die Arbeitsatmosphäre in der Klasse möchten. Passen Sie einfach die Aussagen an den jeweiligen Kontext an und beziehen Sie Ihre Schüler aktiv in den Prozess der Entwicklung mit ein.

Gleich mal ausprobieren

Überlegen Sie sich, welche Bereiche Sie gerne von Ihren Schülern evaluiert wissen und erstellen Sie einen übersichtlichen Fragebogen, bei dem die Schüler z.B. von „trifft voll zu" bis hin zu „trifft gar nicht zu" bewerten können. Günstig ist es, wenn die Schüler nur ankreuzen müssen, so ist die Gefahr gebannt, dass Sie eine Schrift erkennen. Das hindert Schüler leicht daran, ehrlich zu antworten. Wenn Sie sich selbst evaluieren möchten, gebe ich Ihnen dazu einige Formulierungen als Hilfestellung oder einfach nur als Input:

Aussage	trifft voll zu → trifft nicht zu				
	1	2	3	4	5
Beim Betreten des Klassenzimmers wird die Lehrkraft kaum beachtet.					
Die Lehrkraft schafft es kaum, für Ruhe zu sorgen.					
Die Lehrkraft übersieht Störungen bewusst.					
Die Lehrkraft wirkt sicher und entspannt.					
Die Lehrkraft widmet sich uns engagiert.					

37 Wahren des Unterrichtsflusses

Ein Tipp, den Sie sicherlich auch schon im Zusammenhang mit dem Begriff „Classroom Management" gehört haben, ist, dass Sie darauf achten, den Unterrichtsfluss aufrecht zu erhalten. Wir sind alle so realistisch, dass wir wissen, nicht jede Stunde läuft so, wie wir sie ursprünglich geplant hatten. Ein wichtiges Wort in diesem Satz, das zeigt, dass Sie an einem ‚Fluss' interessiert sind, ist das Wort ‚Plan'. Gehören Sie zu den Lehrkräften, die sich grundlegend überlegen, wie Ihr Unterricht laufen soll und dementsprechend auch ein Ziel verfolgen, dann fällt es Ihnen sicher leichter, überhaupt in einen ‚Fluss' zu gelangen. Schüler sind Meister im Unterbrechen dieses ‚Flusses' und kennen viele Möglichkeiten, unbedingt noch etwas anderes dazwischenzuschieben. Störungen durch Schüler oder auch durch uns selbst wirken sich häufig negativ auf den Unterrichtsfluss und die bestehende Disziplin im Klassenzimmer aus. Natürlich gibt es Situationen, die es erfordern, sofort zu agieren und den Unterrichtsfluss hinten anzustellen, doch auf diese seltenen Gelegenheiten möchte ich hier nicht eingehen. Seien Sie daran interessiert, Ihre Ziele zu erreichen und bieten Sie Methoden, die es den Schülern erleichtern, beim Thema zu bleiben und am Ende einer Stunde sehen zu können, dass sie etwas gelernt haben. Vermeiden Sie Wartezeiten, indem Sie klare Instruktionen für einen zügigen und reibungslosen Wechsel geben. Führen Sie nachvollziehbare Regeln und Maßnahmen ein (Tipp 28, 29), die es Ihnen erleichtern, auf Störungen so unaufgeregt wie möglich zu reagieren und nach kurzer Unterbrechung den Unterrichtsverlauf wieder aufzunehmen. Bleiben Sie konsequent und senden Sie klare Signale (Tipp 30, 34), sodass es für die Schüler nach kurzer Einführungsphase keinen Sinn mehr macht, Sie zu unterbrechen oder in weitschweifige Diskussionen zu verstricken. Die Schüler spüren sehr genau, ob Sie hinter Ihren Aussagen stehen (Tipp 24) oder ob Sie nur eine ‚Rolle' spielen und sich selbst nicht ganz ‚grün' sind bei dem, was sie fordern. Zeigen Sie dementsprechend, dass Ihnen das Wah-

Wartezeiten vermeiden

› Tipp 28, 29

klare Signale

› Tipp 30, 34

› Tipp 24

ren des Unterrichtsflusses ein großes Anliegen ist, um besser und erfolgreicher arbeiten zu können, dann vermeiden Sie zusätzlich auch noch konfliktbehaftete Situationen im Unterrichtsalltag.

Achtung!

Manchmal verursachen wir selbst die Unterbrechung des Unterrichtsflusses, indem wir den Schülern eine kleine Anekdote oder einen Schwank aus unserer, ach so bedeutungsvollen, Jugend erzählen. Dabei wollen wir menschlich erscheinen und für eine kleine Auflockerung sorgen, wählen aber nicht immer einen geeigneten Moment dafür. Später wundern oder ärgern wir uns, dass die Schüler wieder mal nur Geschichten erzählen wollten und übersehen, dass wir selbst diesen Vorgang in Gang gebracht haben. Zeigen Sie sich deshalb wohldosiert menschlich und unterhaltend und achten Sie unbedingt darauf, dies klug zu positionieren.

38 Breite Aktivierung einplanen

Zu einer erfolgreichen Klassenführung gehört heute, dass wir die Ordnung aufrechterhalten und ein umfassendes Lernen ermöglichen. Somit kann die Klassenführung zugleich Prävention und Intervention sein. Nach Nolting (2012) agiert die Lehrkraft präventiv, wenn sie den Unterrichtsfluss wahrt (Tipp 37), wenn sie klare Regeln aufstellt (Tipp 28), wenn sie deutliche Präsenz- und Stoppsignale sendet (Tipp 30, 34) und wenn sie Wert auf eine breite Aktivierung legt.

› Tipp 28, 37

› Tipp 30, 34

Legen Sie bei letztgenanntem Ihren Akzent auf Unterrichtsführung bzw. Lernmanagement mit dem Ziel der Klassenaktivierung. Mit ‚breit' ist gemeint, dass möglichst die ganze Klasse eingebunden ist. Methoden hierfür sind die Partner-, Einzel- oder Gruppenarbeit (vgl. Haag / Streber 2014).

Klassenaktivierung vornehmen

Differenzierung und Helfersystem einführen

Achten Sie darauf, dass die Arbeitsaufträge klar verständlich formuliert sind und so differenziert gestellt, dass jeder Einzelne aktiv werden kann, ja sogar möchte. Mithilfe dieser Methoden können Sie jeden Schüler in der Klasse erreichen und zusätzlich von einem Helfersystem profitieren. Variieren Sie ihre Partner- oder Gruppenzusammensetzung:

- zwei oder mehrere Schüler mit der gleichen Leistungsfähigkeit arbeiten miteinander und fordern sich gegenseitig.
- Schüler mit unterschiedlicher Leistungsfähigkeit arbeiten als Partner zusammen oder in einem Team und geben sich gegenseitig Hilfestellungen.

Um die Ecke gedacht

Wir haben das Glück, auf eine große Methodenvielfalt zugreifen zu können und bewirken eine breite Aktivierung, indem wir z. B. folgende Methoden einsetzen:

1. *Einzelarbeit*: z. B. *Portfolio-Arbeit* zu einem bestimmten Themenbereich, *Erstellen eines Lapbooks* oder eines *Lesetagebuchs*, die *Baustellenarbeit* zur Verbesserung des sozialen Miteinanders
2. *Partnerarbeit*: z. B. *Partnerpuzzle* (zwei Experten erarbeiten ihren jeweiligen Lerninhalt und erklären sich diesen anschließend gegenseitig), *Dialogschulung* in der Fremdsprache, die *Marktplatzmethode* (fördert den kommunikativen Austausch und löst kurzzeitig den Klassenverbund auf; Schüler gehen aufeinander zu und befragen sich wechselseitig zu einem bestimmten Thema oder zu Vokabeln/Grammatik im Fremdsprachenunterricht)
3. *Gruppenarbeit*: z. B. die *Placemat-Methode*, die auf vier Gruppenmitglieder zugeschnitten ist (lädt zum sogenannten „think, pair, share" ein, indem bei den Einzelnen Vorerfahrungen und dann Lernzwischenstände und Arbeitszwischenergebnisse abgefragt werden, um abschließend einen Themenkomplex miteinander zu diskutieren)

Verantwortung ab-/übergeben

39

Unsere ‚zentrale' Position im Klassenzimmer bringt es mit sich, dass wir uns für sehr viele Bereiche in der Schule *verantwortlich* fühlen. Teilweise sehen wir uns derart in der Verantwortung, dass sich ein Gefühl der Überforderung einschleicht und uns den Alltag schwierig erscheinen lässt. Machen Sie sich deshalb immer wieder bewusst, dass es kompetent ist, Verantwortung aufzuteilen und an andere abzugeben. Im Klassenzimmer sind damit Ihre Schüler gemeint. Sicherlich gibt es in jeder Klasse verschiedene Dienste, die von Einzelnen erledigt werden, z. B. den Grußdienst, der Menschen begrüßt, wenn sie das Klassenzimmer betreten. Diese Dienste sind eine angemessene Maßnahme, um Verantwortung abzugeben und sich selbst zu entlasten. Schulen Sie das Verantwortungsbewusstsein Ihrer Schüler über ihre Dienste hinaus, indem sie als Berater fungieren dürfen (Tipp 36), die Verantwortung für ihr eigenes Tun übernehmen und sich auch für andere verantwortlich fühlen. Hierunter fallen eine ernsthafte Selbstkontrolle bei Hausaufgaben oder anderen Aufträgen, eine gegenseitige Kontrolle bei der Überprüfung von Lösungen, ein eingeführtes Helfersystem, das während und nach dem Unterricht erwünscht ist und eine soziale Verantwortung anderen gegenüber, die den Einsatz für Schwächere oder Hilfesuchende in der Schule fördert und dem Wegschauen entgegentritt.

Dienste einführen

› Tipp 36

Selbstkontrolle ermöglichen

Trauen Sie Ihren Schülern viel zu, schenken Sie ihnen Ihr Vertrauen, bieten Sie Hilfe an und lassen Sie Bereiche los, die andere für Sie übernehmen können.

Achtung!

Lernen Sie Ihre Schüler erst kennen und schätzen Sie deren Stärken und Schwächen realistisch ein, bevor Sie daran gehen, Aufgaben abzugeben. Es ist auch für die Schüler leichter, Ihren Ansprüchen gerecht zu werden, wenn sie erfahren haben, worauf Sie Wert legen und was Ihnen wichtig ist.

40 Eltern auf Augenhöhe begegnen

Die Elternarbeit hat in unserem Beruf einen hohen Stellenwert, den es zu erhalten gilt. Die Eltern unserer Schüler sind wichtige Verbündete für uns, bei ihnen liegt die Entscheidungsgewalt. Es kann jedoch dauern, bis sich die Eltern auch als Ihre Verbündeten sehen und es bedarf einiger Vorleistung von Ihrer Seite dazu. So unterschiedlich wie Schüler sind, sind auch Eltern und deren Vorerfahrungen mit dem System ‚Schule'. Hatte der Sohn in seiner bisherigen schulischen Laufbahn kaum Probleme, sowohl mit den Inhalten als auch mit den Lehrkräften, so werden die Eltern Ihnen aufgeschlossen und freundlich begegnen. Lief es dagegen nicht so geradlinig und die Eltern wurden schon häufiger zu Gesprächen hereinzitiert, werden Sie erst mal kritisch unter die Lupe genommen und Ihre Methoden grundlegend infrage gestellt. Das ist ein Faktor, der Ihre Arbeit sehr spannend und abwechslungsreich macht. Sie lernen viele Menschen kennen und können sich darin erproben, diese einzuschätzen und ihnen auf Augenhöhe zu begegnen, um ihnen ein Gefühl der Sicherheit und Vertrautheit zu geben.

› Tipp 23
› Tipp 41
› Tipp 26
› Tipp 92

Eltern abholen, wo sie stehen

Nehmen Sie sich anfangs etwas zurück (Tipp 23) und beobachten Sie die Eltern im Gespräch oder beim ersten Elternabend (Tipp 41). Geben Sie ihnen Sprechzeit und hören Sie empathisch zu (Tipp 26). So erhalten Sie einen Eindruck, worauf die Eltern Wert legen und was sie sich für ihr Kind wünschen. Vermeiden Sie es, gleich Tipps z. B. zum effektiveren Lernen zu geben, sondern fragen Sie nach (Tipp 92), was bisher getan wird. Lassen Sie die Eltern spüren, dass sie ihr Kind selbst am besten kennen und genau wissen, was es braucht. Sie holen die Eltern sozusagen da ab, wo sie stehen und das erleichtert es ihnen ungemein, sich auf Sie als Lehr- und Fachkraft einzulassen. Suchen Sie gemeinsam nach Lösungen, ohne den Eltern Ihre vorgefertigte Maßnahme ‚überzustülpen'. Geben Sie den Eltern stets das Gefühl, dass Sie beraten und unterstützen, die endgültige Entscheidung aber bei ihnen liegt. Wenn Sie die Eltern von Anfang an mit ins Boot holen, wird Ihnen wesentlich weniger Gegenwind ins Gesicht wehen, da sich die Eltern und damit natürlich auch die Schüler wertgeschätzt und ernstgenommen fühlen. Das ist die Basis für eine vertrauensvolle und erfolgreiche Zusammenarbeit.

Nutzen Sie den ersten Elternabend

41

Der erste Elternabend kann die Weichen für die künftige Zusammenarbeit stellen – im Positiven sowie auch im Negativen! Konzentrieren wir uns auf das Positive und finden wir heraus, was einen ersten Elternabend zu einem gelungenen Abend macht.

- Begrüßen Sie die einzelnen Parteien mit Handschlag und stellen Sie sich mit Ihrem Namen vor.
- Gehen Sie dabei auf die Ankommenden zu.
- Zeigen Sie den Eltern, wo ihr Kind sitzt und stellen Sie ihnen frei, sich auf diesem oder einem anderen Platz niederzulassen.
- Zeigen Sie den Eltern, dass Sie sich freuen, sie kennenzulernen.
- Fragen Sie Ihre Zuhörer, ob sie noch irgendetwas brauchen oder loswerden möchten, bevor Sie beginnen.
- Stellen Sie sich vor, kurzer beruflicher Werdegang und ausgesuchte persönliche Informationen, die Sie zu teilen bereit sind.
- Sprechen Sie positiv über die Kinder, auch wenn nicht alle Verhaltensweisen angemessen sind (Fokus positiver erster Eindruck).
- Lassen Sie die Eltern spüren, dass Sie sich auf die weitere Arbeit mit ihren Kindern freuen und Sie es als sehr spannend empfinden.
- Bereiten Sie vor, was Sie alles sagen möchten; geben Sie den Eltern im besten Fall ein Handout mit nach Hause (Termine, Telefonnummer, bevorstehende Aktionen, u. ä.).

- Sprechen Sie unbedingt an, worauf Sie im Unterricht Wert legen, wo Sie Ihre Maßstäbe setzen und äußern Sie offen, dass Sie auf eine gute Zusammenarbeit hoffen.
- Stellen Sie klar, dass Sie für Vorschläge offen sind und bitten Sie die Eltern, sich bei Fragen oder Problemen direkt an Sie zu wenden.
- Bieten Sie Möglichkeiten an, wie man Sie erreichen kann und zeigen Sie, dass Sie den Kontakt als wünschenswert sehen und nicht als lästige Begleiterscheinung.
- Geben Sie Raum für Fragen und Bitten und hören Sie so genau wie möglich auf die dahinter liegenden Bedürfnisse (Tipp 35).
- Seien Sie vor allem authentisch (Tipp 24) und versprechen Sie nichts, was Sie nicht halten können.

› Tipp 35
› Tipp 24

Mit diesem Leitfaden kann Ihr erster Elternabend gut gelingen und Sie können gestärkt in das neue Schuljahr gehen.

42 Einrichten einer Telefonsprechstunde

Für Eltern ist es sehr wichtig, dass sie sich an Sie wenden können, wenn sie Gesprächsbedarf bezüglich ihres Kindes haben. Dafür gibt es die eingetragenen Sprechstunden, die für berufstätige Menschen ungünstig am Vormittag liegen. Die Eltern können einen Vermerk ins Hausaufgabenbuch schreiben und erhalten dann eventuell in den nächsten Tagen einen Rückruf von Ihnen, weil Sie gerade so viel um die Ohren haben, dass es nicht früher geht. Besonders dann, wenn es Probleme gibt, hilft es ungemein, wenn außer der persönlichen Sprechstunde an der Schule noch eine weitere Option zur Klärung vorhanden ist. Richten Sie zur besseren Erreichbarkeit eine Telefonsprechstunde z. B. in den frühen Abendstunden ein, in denen Sie bevorzugt in Ihrem heimischen Büro arbeiten. So müssen aufreibende Vorkommnisse nicht auf die lange Bank geschoben werden und die Eltern fühlen sich nicht verloren. Sie ersparen den besorgten oder aufgebrachten Eltern eine lange Wartezeit, in der sie sich so einiges zusammenreimen und eventuell immer ungehaltener werden oder das Vertrauen verlieren. Eltern brauchen das Gefühl, dass sie gehört werden und das nicht nur zweimal im Jahr für fünf Minuten am Elternsprechabend. Allein diese Sicherheit entspannt von vornherein die Atmosphäre und hilft einmal mehr, Konflikte zu vermeiden.

Achtung!

Haben Sie beim Einrichten einer Telefonsprechstunde keine Sorge, dass Sie wirklich immer zu dieser Zeit greifbar sein müssen. Besprechen Sie einfach den Anrufbeantworter so, dass der Anrufer weiß, Sie hören die Nachricht zeitnah ab und rufen dann auch schnellstmöglich zurück. Diese Einrichtung erspart vielen Eltern den Weg in die Schule, weil viele Dinge unkompliziert per Telefon geklärt werden können. Für Sie selbst ist es eine praktische Möglichkeit, näher an den Eltern dran zu sein und dem verstaubten Ansehen der Beamten entgegenzuwirken.

Transparente Punkteverteilung

43

Die Punkteverteilung, der Notenschlüssel und die Benotung in Schulaufgaben und Exen führen regelmäßig zu Konflikten zwischen Eltern und Lehrkräften. Wirken Sie dem entgegen, indem Sie bereits beim ersten Elternabend (Tipp 41) darüber aufklären, wie Sie in der Regel bepunkten (z. B. halber Punkt bei Reproduktion oder Einzelwortantworten, in der Fremdsprache für Vokabeln) und wie Ihr Notenschlüssel grundlegend aussieht (prozentuale Verteilung in Ihrem Notenprogramm). Eine andere Möglichkeit, um diese Missverständnisse zu vermeiden, ist, einen Elternbrief zu verfassen, indem Sie beispielhaft an einer alten Schulaufgabe aufzeigen und veranschaulichen, wie sich die Punkte verteilen und wie sich die Note zusammensetzt. Das schafft

› Tipp 41

Transparenz schaffen

sehr viel hilfreiche Transparenz und lässt gar nicht erst den Gedanken entstehen, Sie würden da geheime Sachen machen, die keiner nachvollziehen kann. Achten Sie bitte darauf, dass Sie den Eltern erklären, dass diese Vorlage ein Beispiel ist und Veränderungen abhängig vom jeweiligen Themengebiet natürlich nicht auszuschließen sind. Laden Sie die Eltern außerdem ein, sich bei Unklarheiten an Sie zu wenden, damit Sie gemeinsam besprechen können, was ihnen unverständlich erscheint. Damit machen Sie einmal mehr klar, dass Sie die Eltern wertschätzen und es Ihnen wichtig ist, dass diese klar sehen können.

Gleich mal ausprobieren

Schreiben Sie bei Ihrer nächsten Schulaufgabe alle Einzelpunkte auf das Angabenblatt und positionieren Sie den Notenschlüssel sichtbar, z.B. ans untere Ende der Seite. Schreiben Sie dann zu jeder Aufgabe genau, wie viele Punkte der Schüler in der jeweiligen Aufgabe erreicht hat und kennzeichnen Sie diese Punkte auch im Text, in der Aufgabe, bei der Rechnung. So erkennt sowohl der Schüler als auch seine Eltern, wofür er Punkte erhalten und wie viele er insgesamt erreicht hat. Das schafft große Transparenz für alle Beteiligten.

44 Regelmäßiges Verfassen von Elternbriefen

Sie alle unterrichten Kinder und junge Menschen, die für ihre Eltern das Wichtigste auf der Welt sind. Da ist es nachvollziehbar, dass Eltern sehr daran interessiert sind, regelmäßig über Ereignisse, Aktivitäten, Projekte, geplante Vorhaben und den jeweiligen Lernstand informiert zu werden. Schulen verfassen in der Regel mehrere allgemeine Informationsschreiben pro Jahr, die sich aber weder explizit mit einer Klasse noch mit einem Schüler befassen, außer diese haben einen Wettbewerb gewonnen oder ein soziales Projekt organisiert. Hier kommen Sie als Klassenlehrkraft ins

Spiel und können die Möglichkeit nutzen, eigene Infoschreiben über Ihre Klasse zu verfassen und das am besten mehrmals pro Jahr. Nehmen Sie z. B. die Weihnachtsferien als erstes Etappenziel im neuen Schuljahr und verfassen Sie einen Brief, in dem Sie kurz auf die vergangenen Ereignisse oder behandelten Themen eingehen und sie Revue passieren lassen. Geben Sie dann noch einen Ausblick auf die Zeit bis zum Zwischenzeugnis, gleich mit dem passenden Datum, und wünschen Sie den Eltern ein frohes Weihnachtsfest und einen gelungenen Übergang ins Neue Jahr. Drücken Sie außerdem aus, dass Sie sich auf die weitere produktive Zusammenarbeit freuen und verbleiben mit freundlichen Grüßen. Sie gehen damit auf die Eltern zu, geben Ihnen bereitwillig und ohne Aufforderung von deren Seite alle wichtigen Infos, an denen die Eltern interessiert sind und zeigen erneut, dass Sie eine Zusammenarbeit sehr bereichernd finden. Sie werden dadurch Stimmen wie z. B. *„das ist wirklich sehr professionell.“* oder *„dieser Lehrkraft liegen unsere Kinder und auch wir echt am Herzen …“* ernten, denn das, was ich Ihnen hier vorschlage, geschieht im Alltag leider noch sehr vereinzelt! Halten Sie den Informationsfluss stets aufrecht und verknüpfen Sie ihn mit ein paar persönlichen Worten, dann gibt es für die Eltern kaum einen Anlass, verärgert über Ihr Verhalten oder über fehlende Infos zu sein. Sie können dann kleine und auch größere Probleme sachlich und konstruktiv mit den Eltern erörtern, ohne dass diese Sie von vornherein dafür verantwortlich machen und Ihnen mal so richtig zeigen müssen, wo es langgeht. Wenn Sie offen und authentisch auf die Eltern zugehen, dann werden diese dasselbe tun. Ein guter Informationsfluss sorgt für Transparenz, Offenheit und zeigt Interesse am anderen und wirkt daher präventiv.

eigene Infoschreiben verfassen

Informationsfluss aufrechterhalten

45 Vorschläge hören

Sie handeln außerordentlich präventiv, wenn Sie die Eltern Ihrer Schüler mit zu Ihnen ins ‚Boot' holen, d. h., wenn Sie ihnen das Gefühl geben, dass Sie dasselbe Ziel verfolgen und Ihnen Ihre übergebene „Fracht" viel wert ist. Mitbestimmung ist für viele Eltern sehr wichtig, zumindest in der Theorie, weil es schließlich um ihr eigenes Fleisch und Blut geht, bei dessen Entwicklung sie nicht außen vor bleiben wollen. Bieten Sie deshalb gleich am ersten Elternabend

› Tipp 41, 44

(Tipp 41) oder im ersten eigenen Elternbrief (Tipp 44) an, dass Sie sich über Vorschläge z. B. für Erkundungsgänge, Exkursionen, mögliche Lektüren oder Beiträge von außerschulischen Experten sehr freuen und auf jeden Fall versuchen werden, diese Vorschläge zu berücksichtigen. Weisen Sie bitte auch auf die Einschränkung hin, dass der Lehrplanbezug gewahrt bleiben muss und Sie alle Vorschläge mit der Schulleitung absprechen oder eine Genehmigung einholen müssen. Dies ist eine weitere Möglichkeit, den Eltern auf

› Tipp 40

Augenhöhe zu begegnen (Tipp 40) und ihnen ein Gefühl von Wertschätzung entgegenzubringen. Haben Sie keine Angst vor diesen Maßnahmen, glauben Sie nicht, dass Sie jetzt von den Eltern überrollt werden! Es wird nur ein Bruchteil der Elternschaft die eine oder andere Gelegenheit dafür nutzen. Jeder hat seinen eigenen beruflichen Alltag und ist häufig auch noch anderweitig eingebunden, sodass nur wenig Zeit und Energie bleibt, sich in der Schule seines Kindes zu engagieren. Die Tatsache, dass Sie auf die Eltern zugehen, sorgt bei diesen für eine große Entspannung und nimmt ihnen die Last, dass sie sich auch noch um den schulischen Bereich ihres Kindes kümmern müssen. Gerne vertrauen sie Ihnen als Fachkraft ihre Nachkommen an und haben dabei ein gutes Gefühl.

Achtung!

Bei aller Offenheit und Bereitschaft, auf die Eltern zuzugehen, ist es sehr wichtig, dass Sie sich nicht das ‚Heft' aus der Hand nehmen lassen. Es ist eine Sache, dem Gegen-

über Wertschätzung entgegenzubringen, eine andere jedoch, sich dadurch fremdbestimmen zu lassen. Sie sind die Fachkraft, sie wissen Bescheid, wie Unterricht und Lehren funktioniert. Sie sind stets auf dem neuesten Stand (Tipp 55), was die Schulentwicklung und die Vorgaben vom Kultusministerium angeht. Sie kennen effektive Methoden, die den Unterricht interessant machen und variabel gestalten lassen und Sie bringen studiertes Fachwissen mit. Die Vorschläge der Eltern dienen der Bereicherung dessen, was Sie professionell bieten. Sie sind nicht als Ersatz für Ihre Kompetenzen zu sehen!

› Tipp 55

Sorgen ernstnehmen 46

Kennen Sie den Moment in einem Elterngespräch, in dem Sie das Gefühl haben, dass diese Eltern es mit ihrer Fürsorge nun wirklich übertreiben? Man fragt sich, wie viele Sorgen sich Eltern überhaupt machen können und gibt deshalb erst mal den wenig wirksamen Tipp: *„Machen Sie sich darüber keine Sorgen!“* Bitte vergessen Sie in diesen Situationen nicht, dass Sie das Kind und seine Leistungen objektiv betrachten können, für Eltern ist das nicht möglich. Eltern sind emotional viel zu sehr verstrickt und haben daher einen subjektiven Blick) auf ihren Spross. Denken Sie vor jedem Gespräch noch einmal bewusst an diese Tatsache und nehmen Sie sich vor, hinter allen Worten die Sorgen der Eltern zu vernehmen und vor allem, diese auch ernst zu nehmen. Eltern kommen aus einem Grund zu Ihnen zum Gespräch, der für Sie nicht immer offensichtlich sein muss. Dennoch besteht für die Eltern ein Anlass, dieses Treffen zu verlangen und das sollte für Sie Grund genug sein, darauf einzugehen. Gehen Sie gemäß der konstruktivistischen Lehre (Tipp 19) auf die Eltern zu, schenken Sie ihnen Ihre ganze Aufmerksamkeit und zeigen Sie ihnen durch aktives Zuhören (Tipp 90) und Empathie (Tipp 20, 26), dass Sie die genann-

subjektiven Blick der Eltern ernstnehmen

› Tipp 19

› Tipp 90, 20, 26

ten Sorgen ernst nehmen. Wenden Sie Gesprächstechniken wie z. B. das Spiegeln (Tipp 91) an, fragen Sie stets konkret nach (Tipp 92) und lassen Sie sich auch durch Vorwürfe nicht von einer sachlichen Herangehensweise abbringen (Tipp 5, 35).

› Tipp 91
› Tipp 92
› Tipp 5, 35

Gleich mal ausprobieren

Versuchen Sie, aus den folgenden Aussagen, die dahinterliegenden Sorgen zu entschlüsseln:

1. „Immer, wenn ich meinen Sohn abfrage, kann er alles und in der Schulaufgabe ist es dann wie ausgelöscht!"
2. „Es ist ja auch so, dass Sie meine Tochter nie dann aufrufen, wenn sie sich meldet!"
3. „Ich weiß ja auch nicht, wo Sie die Inhalte für die Ex hergenommen haben, im Heft meines Sohnes steht dazu jedenfalls nichts!"
4. „Vielleicht liegt es ja auch an der Unruhe, die laut meiner Tochter in Ihrem Unterricht herrscht, dass die Leistungen unter den Erwartungen bleiben!"
5. „Letztes Mal haben Sie gesagt, ich solle mir keine Sorgen machen und jetzt steht mein Sohn auf einer fünf!"

Mögliche Entschlüsselung:

1. „Es macht Ihnen große Sorgen, dass Ihr Sohn nicht die gewünschten Ergebnisse erzielt, obwohl Sie ihn regelmäßig abfragen?"
2. „Sie sorgen sich darum, dass ich Ihre Tochter nicht gleichberechtigt behandle?"
3. „Sie sind besorgt, dass sich meine Exen von den behandelten Inhalten der Unterrichtstunde unterscheiden?"
4. „Sie befürchten, dass es in meinen Unterrichtsstunden zu laut ist, um sich angemessen konzentrieren zu können?"
5. „Der Leistungsstand Ihres Sohnes macht Ihnen große Sorgen und Sie wünschen sich konkrete Hilfestellungen?"

47

Lehrer-Eltern-Konflikte haben ihren Ursprung häufig in folgenden Bereichen:

- Notengebung
- Hausaufgaben
- Lehrinhalte
- erzieherische Maßnahmen
- politische Einstellung des Lehrers

Ein präventives Vorgehen bei der Konfliktvermeidung in einem oder mehreren dieser Bereiche bietet den Eltern von Anfang an Hilfen an. Die erste Hilfestellung zur Steigerung der Akzeptanz Ihrer Arbeit und Person kann sein, dass Sie die Eltern darüber aufklären, was Ihnen im Unterricht wichtig ist. Bieten Sie darüber hinaus Hilfen zur Bewältigung der Lerninhalte und einer erfolgreichen Proben-Vorbereitung an. Geben Sie wertvolle und umsetzbare Tipps zum Erledigen der Hausaufgabe. Helfen Sie beim Zeitmanagement und bei den individuellen Defiziten, die der jeweilige Schüler hat und für den seine Eltern Rat und Unterstützung suchen. Sie sind eine Säule des Wissens und eine Schatztruhe für Maßnahmen. Unterstützen Sie die Eltern mit all Ihrem Wissen und Ihren bewährten Methoden. Sie haben dankbare Abnehmer vor sich!

Eltern aufklären

Säule des Wissens

Gleich mal ausprobieren

Erstellen Sie sich eine Liste von Hilfsstrategien, die sich in Ihren Augen bereits mehrfach bewährten und geben Sie diese Liste an betroffene Eltern weiter, die bei Ihnen Hilfe suchen. So können Sie mehrere Bereiche abdecken und sich möglicherweise weitere Gespräche ersparen.
Teilen Sie die Liste nach Bereichen ein, z. B. nach Hausaufgaben, Erlernen eines Themenbereichs, Vorbereitung auf eine Schulaufgabe usw. Das könnte dann z. B. so aussehen:

Vorbereitung auf eine Schulaufgabe:

1. Inhalte nach Themengebieten ordnen, z. B. Erstellen einer Mindmap (wird natürlich im Unterricht eingeführt).

2. Mindmap sichtbar im Zimmer aufhängen.
3. Einzelinhalte lernen und anschließend in Gesamtzusammenhang (siehe Mindmap) einordnen.
4. Zusatztexte, z.B. aus dem Buch, lesen und damit Hintergrundwissen vergrößern.
5. Fragen stellen zu den Themengebieten (Lehrerrolle übernehmen) und ohne nachzuschlagen beantworten.

Deutlich machen, was einem wichtig ist

48

Jeder Lehrer hat unterschiedliche Berührungspunkte mit seinen Kollegen. In großen Schulen, die mehrzügig sind, gibt es viel Kooperation innerhalb einer Jahrgangsstufe. Sie hat den Vorteil, Ihre Arbeit aufzuteilen, z. B. bei der Erstellung von Schulaufgaben und der Unterrichtsvorbereitung und Sie können sich so auf bestimmte Bereiche konzentrieren. Gerade in der Mittelschule, in der das Klassenlehrerprinzip herrscht und der Lehrer viele unterschiedliche Fächer unterrichtet, ist es ein Vorteil für die Lehrkraft, wenn es eine solche Kooperation gibt. Die Voraussetzung für eine erstens zufriedenstellende und zweitens auch erfolgreiche

genaue Absprache treffen

Zusammenarbeit für alle Beteiligten, ist eine genaue Absprache, die auf gemeinsam getroffenen Entscheidungen basiert und von jedem getragen wird. Da ist es besonders wichtig für Sie, dass Sie klar und deutlich darauf hinweisen, wo Ihr

Fokus klarmachen

Fokus liegt und was Ihnen bei der Umsetzung am Herzen liegt. Versäumen Sie nicht den richtigen Zeitpunkt, dies zu tun, nur weil vielleicht erfahrenere Kollegen das Wort an sich reißen und bestimmen, wer was übernimmt, weil sie ja schon so lange an der Schule sind und genau wissen, wie es am besten funktioniert. Es ist sicherlich hilfreich, auf die Erfahrung anderer Kollegen zurückzugreifen, solange Sie nicht darunter leiden müssen. Überlegen Sie sich also am besten im Vorfeld eines Teamgesprächs, was Sie umgesetzt wissen wollen und machen Sie sich selbst klar, was Sie für eine produktive Zusammenarbeit brauchen (Tipp 13, 21).

› Tipp 13, 21

Achtung!

Machen Sie sich bewusst, dass eine Zusammenarbeit mit Kollegen nur dann produktiv und erfolgreich sein kann, wenn Sie in sich gefestigt sind und dies auch nach außen ausstrahlen. Das ist unabhängig von Alter, Berufserfahrung und Status zu sehen. Dieser Tipp soll Sie nicht dazu verleiten, Ihre Ansichten auf Biegen und Brechen durchzusetzen, nur weil Sie sich vorher auf eine bestimmte Vorgehensweise festgelegt haben. Eine Kooperation bedeutet stets ein Miteinander, allerdings gleichermaßen mit allen, die beteiligt sind. Wenn Sie sich über Ihre Bedürfnisse im Klaren sind (Tipp 15), dann senden Sie auch klare und unmissverständliche Botschaften (Tipp 3) an Ihre Zuhörer. Und genau das ist die Basis für eine erfolgreiche Zusammenarbeit.

› Tipp 15
› Tipp 3

Stärken der Kollegen erkennen

49

Das Kollegium, in dem Sie arbeiten, ist genauso bunt und vielfältig wie die Schüler, die Sie unterrichten. Das heißt, jeder Einzelne hat unterschiedliche Stärken und Schwächen. Wenn Sie daran interessiert sind, sich Ihre Aufgaben zu erleichtern oder kompetente Partner zu haben, dann machen Sie sich die Mühe, die Stärken Ihrer Kollegen herauszufinden. Greifen Sie dann auf das, was z. B. der Kollege X besonders gut kann zu und nutzen Sie ihn als Berater. Sehen Sie die Menschen, mit denen sie umgehen als eine Ergänzung zu Ihnen selbst, so werden Sie noch stärker, selbstbewusster und erfahrener.

Kollege als Berater

Geben Sie als Gegenleistung, dass die Waage im Lot gehalten wird, Ihre Stärken an andere weiter und teilen Sie Ihr Wissen. Sprechen Sie Ihre Kollegen z. B. auf eine Sache an, die Ihnen aufgefallen ist: *„Mir ist aufgefallen, dass du in deinem Klassenzimmer ein tolles Belohnungssystem hast. Wie gehst du dabei genau vor?“*

Wenn Sie beobachten, wie ein Kollege professionell einen Konflikt zwischen Schülern schlichtet, fragen Sie, woher er das so gut kann und ob er Ihnen helfen würde, wenn es in Ihrem Klassenzimmer einen Konflikt gibt, den Sie nicht alleine in den Griff kriegen. Ein anderer Kollege fällt Ihnen in Konferenzen positiv auf, weil er besonders gut Dinge auf den Punkt bringt, wenn andere sich in einem Thema verlieren. Sagen Sie ihm, dass Sie es toll finden, wie er das macht und bitten Sie ihn, Ihnen z. B. bei einem bevorstehenden schwierigen Gespräch als Berater zur Seite zu stehen. Sobald Sie Kollegen ernstgemeint wissen lassen, dass Sie von ihren Stärken beeindruckt sind und zeigen, dass Sie diese anerkennen, werden Ihre Kollegen nicht zögern, Sie zu unterstützen oder ihre Stärke an Sie weiterzugeben. Vielmehr werden sie geschmeichelt sein und sich über Ihr Lob freuen. Das lässt alle Menschen offener werden und steigert ihre Bereitschaft zum Teilen.

50 Regelmäßige Absprachen treffen

Kam es in Ihrer Schule in der Vergangenheit vor, dass sich Fachlehrer bei Ihnen über den einen oder anderen Schüler beschwert haben, weil er dies oder das nicht könne und überhaupt zu langsam und zu unkonzentriert sei? Oder gab es Situationen, in denen sich die Schüler bei Ihnen über Fachlehrer beklagten, weil diese in ihrem Unterricht alles anders machten als Sie es tun? Sicher kennt jeder von Ihnen solche Belange und hat sich nach einem klärenden Gespräch gedacht, *„hätte ich das mal gleich am Anfang besprochen, dann wäre es gar nicht so weit gekommen!“* Es erleichtert uns unseren beruflichen Alltag um ein Vielfaches, wenn wir regelmäßige Absprachen mit unseren Kollegen treffen. Dabei brauchen diese Treffen nicht viel Zeit und kaum Vorbereitung, helfen aber sehr, Unstimmigkeiten zu vermeiden oder Missverständnissen vorzubeugen. Wenn Sie sich am Anfang eines Schuljahres z. B. einen Überblick über die vorliegenden

Absprachen beugen Missverständnissen vor

Gutachten Ihrer Schüler machen und sich überlegen, welche Methoden bei Ihnen im Klassenzimmer Einzug halten werden, dann ist das bereits Grund genug, sich mit Ihren Kollegen ein erstes Mal zu besprechen. Klären Sie alle betroffenen Lehrer darüber auf, welcher Schüler welche Schwäche oder Störung hat, ob es einen Schüler mit autistischem Hintergrund gibt und welcher Schüler in der Vergangenheit durch übermäßige Aggression auffällig wurde. Machen Sie Ihre Kollegen dann damit vertraut, wie Sie in Ihrer Klasse arbeiten und klären Sie über geplante Ziele auf. Damit wirken Sie dem entgegen, dass jeder vor sich ‚hinschuftet', die Erfolge aber erst einmal ausbleiben, weil sich die Schüler nur schwer auf so viele verschiedene Erwartungen und Handlungsweisen einstellen können. Sie vermeiden eine kontraproduktive Vorgehensweise, die viele Unwägbarkeiten hervorruft und zu Unzufriedenheit führt. Gehen Sie Hand in Hand mit Ihren Kollegen und ziehen Sie gemeinsam an einem Strang, dann wissen die Schüler woran sie sind und Sie können auftretende Probleme mit Ihren Kollegen lösen.

Um die Ecke gedacht

Vier kurze Meetings pro Schuljahr mit den Kollegen, die in Ihrer Klasse unterrichten, reichen in der Regel vollkommen, um sich auszutauschen. Bei Problemen kann man sich kurzfristig und außerplanmäßig zusammensetzen. Auch für solche Besprechungen brauchen Sie nicht viel Zeit, wenn Sie ansonsten auf dem aktuellen Stand sind.

51 Kollegiale Hospitation nutzen

Die kollegiale Hospitation ist eine wirksame Methode, Unterricht zu untersuchen und die Lehrerpersönlichkeit zu evaluieren. Dabei laden Sie eine Lehrkraft Ihres Vertrauens ein, in Ihrem Unterricht zu hospitieren und anhand von gemeinsam vereinbarten Beobachtungsschwerpunkten den Unterricht oder auch Ihre Person zu analysieren. Anschließend tauschen Sie sich aus und erhalten eine objektive Rückmeldung Ihres Kollegen zu den vereinbarten Schwerpunkten. Ein solcher Austausch fördert die Zusammenarbeit, das gegenseitige Vertrauen und vertieft die kollegiale Beziehung. Sie erhalten so die Möglichkeit, Ihre eigene Perspektive mit der Perspektive einer anderen Person zu vergleichen und zudem eventuelle Schwachstellen aufzudecken, die Ihnen selbst bisher unbewusst waren. Sie entwickeln sich weiter, professionell und didaktisch und können Neuerungen und Vorschläge des Kollegen ausprobieren. Dieses System dient keinesfalls nur dazu, sich gegenseitig Fehler aufzuzeigen, sondern vielmehr dazu, sich besser und umfassender einschätzen zu können und sich gegenseitig zu bereichern. Wenn Sie diese Methode noch um die regelmäßige Evaluation durch Ihre Schüler ergänzen (Tipp 36), laufen Sie nicht Gefahr „betriebsblind" zu werden und tun sich selbst etwas Gutes.

objektive Rückmeldung

› Tipp 36

Gleich mal ausprobieren

Schreiben Sie sich einige Punkte auf, die Sie gerne beobachtet wüssten, um Ihre Vorgehensweise und deren Wirkung besser einschätzen zu können. Dabei kann es z.B. um Ihre Impulsgebung im Unterricht gehen. Wie formulieren Sie Ihre Impulse, wie sieht Ihre Körpersprache dazu aus und wie nehmen die Schüler die Impulse auf? Die beobachtende Lehrkraft wird sich dann hauptsächlich diesen vereinbarten Schwerpunkten widmen und Ihnen dazu eine Rückmeldung geben.

Metakommunikation: Über Probleme sprechen

52

Konflikte entstehen häufig, weil Probleme nicht pro-aktiv angesprochen werden. Viel lieber ärgert man sich im Stillen und richtet eine Person mit anderen hinter deren Rücken aus. So kann es einerseits passieren, dass Sie Schwierigkeiten haben, etwas in der Art zu tun, wie ein Kollege Sie darum bittet oder andererseits, dass Sie mit dem Verhalten eines Kollegen nicht einverstanden sind. Beide Möglichkeiten führen zum gleichen Ergebnis, wenn Sie den problembehafteten Bereich nicht ansprechen und gemeinsam mit dem Kollegen klären wollen – es entsteht ein Konflikt. Welche Art von Konflikt (Tipp 7) sich aus der jeweiligen Situation entwickelt, bleibt erst mal ungewiss – gewiss ist lediglich, dass Sie dann viel Energie und Zeit brauchen, um zu einer zufriedenstellenden Lösung zu kommen. Im Rahmen der Prävention bietet sich hier die sogenannte Metakommunikation an. Das bedeutet, wenn Sie sich in einer bestehenden Situation unwohl fühlen oder mit etwas nicht einverstanden sind, Sie den oder die Betroffenen deshalb darauf ansprechen. Reden Sie über die Sache, die Ihnen Kopfzerbrechen bereitet, ohne jemand dafür die Schuld zu geben. So können Sie auf Ihren Kollegen zugehen und ihm z. B. sagen: „*Mir ist in letzter Zeit aufgefallen, dass du in meinem Klassenzimmer einige Male die Sitzordnung verändert hast. Ich habe mir genaue Gedanken zu dieser Ordnung gemacht und lege Wert darauf, dass diese bestehen bleibt.*“ Wenn Sie Probleme so ansprechen, fühlt sich Ihr Gegenüber nicht angegriffen, sondern hört Ihren Wunsch. Das macht es ihm einfacher, dem zu entsprechen oder Ihnen eine alternative Lösung anzubieten. Vielleicht bittet er Sie dann darum, gemeinsam zu überlegen, wie Sie vorgehen können, weil es bei ihm mit dieser Sitzordnung häufig zu Störungen im Unterricht kommt.

› Tipp 7

den Betroffenen ansprechen

Angesprochene Themen sind mit einer geknackten Nuss zu vergleichen – der Inhalt will raus und behandelt werden. Das hat den großen Vorteil, dass der Inhalt nicht heimlich wächst und irgendwann keinen Platz mehr in der Schale hat und dann explodiert!

Achtung!

Auch kleinere, auf den ersten Blick unbedeutende Dinge können sich zu einem handfesten Konflikt entwickeln, wenn Sie sich damit dauerhaft nicht gut fühlen. Wagen Sie also den Schritt, Kollegen anzusprechen und äußern Sie Ihr Anliegen und das dahinter stehende Bedürfnis. Warten Sie nicht zu lange, denn dann schwindet die Möglichkeit immer mehr, sich sachlich über das Problemfeld auszutauschen.

53 Gerne mal um Rat fragen

Kollegen um Rat fragen

In einem gut funktionierenden Kollegium können alle Kollegen in irgendeiner Form voneinander profitieren. Sie haben viele verschiedene Wissens- und Kompetenzquellen um sich herum, deren ‚Anzapfen' sich für Sie unbedingt lohnen kann. Es zeugt weder von Schwäche noch von Inkompetenz, wenn man andere um Rat fragt. Es bewirkt viel eher, dass sich die Zusammenarbeit verbessert und intensiviert und auch, dass das Vertrauen untereinander wächst. Menschen, die ernsthaft um Rat gefragt werden, empfinden ein Gefühl der Verbundenheit mit dem Ratsuchenden und wenden sich diesem intensiv zu. Es fördert außerdem die Bereitschaft, etwas von seinem eigenen Wissen oder Können weiterzugeben. Wenn Sie den Rat befolgen und anschließend eine Rückmeldung an Ihren Berater geben, wird dieser sich bestätigt fühlen und Ihnen auch künftig gerne zur Seite stehen. Die Chance, dass diese Person später um Ihren Rat bittet, ist sehr groß und birgt viele Verknüpfungen sowie eine produktive Zusammenarbeit.

produktive Zusammenarbeit

Gleich mal ausprobieren

Sie haben in letzter Zeit festgestellt, dass Sie in einigen Bereichen des Schulalltags nicht so zurechtkommen, wie Sie es sich wünschen? Gehen Sie in Gedanken Ihr Lehrerkollegium durch und prüfen Sie, wer Ihrer Meinung nach in dem einen oder anderen Bereich ein kompetenter Ratgeber sein könnte. Gehen Sie dann auf die einzelnen Personen zu und bitten Sie sie ernsthaft um konkrete Vorschläge zur Verbesserung Ihrer Situation. Wählen Sie dabei einen ‚Profi' für den jeweiligen Bereich und setzen Sie die Vorschläge sukzessive um.

IMMER WIEDER LOBEN

54

Fühlen Sie sich gut, wenn Sie jemand für Ihre Arbeit oder Ihr Verhalten lobt? Sicherlich geht es Ihnen genauso wie allen anderen Menschen – Lob verursacht Wohlgefühl, Stolz, Zufriedenheit und stärkt das Selbstbewusstsein. Wenn Sie mit verschiedenen Kollegen zusammenarbeiten, entdecken Sie bestimmt immer wieder etwas, wofür einer dieser Kollegen ein Lob verdient hätte. Trauen Sie sich, ihm das auch zu geben. Sie setzen sich selbst damit nicht zurück oder stellen Ihr eigenes Tun infrage. Sagen Sie z. B. einfach mal: *„Das hast du echt super gemacht! Mit deiner besonnenen Art und deiner sozialen Kompetenz hast du diese Situation prima entschärft und einen Konflikt vermieden."* Ihr Kollege wird es Ihnen danken, denn Komplimente oder Lob gibt es nicht so oft zu hören. Der Empfänger sieht sich in seinem Wirken bestätigt und versteht, dass sein Engagement wahrgenommen und wertgeschätzt wird. Das verursacht einen Motivationsschub für weitere Aktivitäten, vor allem für solche, für die es keine Entlohnung gibt. Sollte es einmal zu einem Missverständnis zwischen Ihnen und dem gelobten Kollegen kommen, so wird er sicher sanfter und offener auf Sie zugehen, als wenn Sie von seiner Kompetenz bereits profitiert, dies aber in der Vergangenheit nicht offen ausgesprochen hätten.

Engagement wahrnehmen

Kollegen zu loben zeigt Größe, offenbart Verständnis für die Stärken anderer und ebnet den Weg für ein konfliktfreieres Miteinander.

55 Immer gut informiert sein

Lehrer- und Schulleitungskonflikte entstehen häufig bei der Gestaltung des Stundenplans, wenn es um die Aufsichtspflicht oder die Vertretungsregelung geht oder bei der gewünschten Umsetzung von Neuerungen. Unseren Schülern geben wir im Laufe ihrer Schulzeit immer wieder den Rat mit auf den Weg: *„Sei stets gut informiert, dann kennst du dich aus, wirst ernst genommen und kannst deine Vorstellungen besser durchsetzen."* Wir versuchen, den Schülern zu verdeutlichen, dass Wissen und Information hohe Güter sind, die es zu wertschätzen gilt. Denn durch sie kann man wirklich eine eigene Meinung entwickeln und stimmige Argumente vorbringen, wenn man etwas durchsetzen möchte. Das Gleiche gilt natürlich auch für Sie als Lehrkraft! Sie wirken wesentlich glaubwürdiger auf Ihre Vorgesetzten, wenn Sie genau wissen, wovon Sie sprechen, sei es vom Inhalt eines neuen Kultusministeriellen Schreibens, vom Auftrag Ihrer Schulart, von den Lehrplaninhalten und Verordnungen oder von neuen Ereignissen aus dem aktuellen Schulanzeiger. Sie sollten über Ihre Pflichten genauso Bescheid wissen wie über Ihre Rechte und Möglichkeiten im Lehrerberuf. Ihr Vorgesetzter hört Ihr Anliegen eher, wenn Sie fundiert begründen können und zeigen, dass Sie auf dem neuesten Stand sind. So weiß z. B. Ihr Schulleiter, dass Sie interessiert und pflichtbewusst zugleich sind. Lehrkräften, die sich häufig jammernd im Lehrerzimmer Luft machen, fehlt es oft auch an Information, wie sie ihre eigene Situation verbessern können und was für Möglichkeiten sie haben. Machen Sie sich zu einem ernstzunehmenden Gesprächspartner bei Ihren Vorgesetzten und vermeiden Sie Konflikte, die aufgrund mangelnden Wissens entstehen.

wissen, wovon Sie sprechen

Gleich mal ausprobieren

Stellen Sie sich einen Ordner zusammen, in dem Sie alle wichtigen Verordnungen, das Vorwort Ihres Lehrplans, die aktuellsten KM-Schreiben und pädagogische Grundlagen einheften.

Recherchieren Sie regelmäßig auf der Seite Ihrer zuständigen Schulberatungsstelle und beim Staatsinstitut für Bildung und Schulqualität. Lesen Sie den Schulanzeiger und die monatlich erscheinenden Hefte der Lehrerverbände. Besuchen Sie Messen wie z.B. die „Didacta", um sich didaktisch und methodisch zu aktualisieren.

Mut für konstruktive Kritik haben

56

Im Umgang mit Vorgesetzten neigen wir häufig dazu, uns kritische Anmerkungen zu sparen, auch wenn wir ein deutliches Bedürfnis dazu verspüren. Die Sorge, dass die Kritik ungefiltert auf uns zurückkommt, vielleicht sogar ungerecht über Unterrichtsbesuche oder bei der Beurteilung, schwebt ständig über uns. „Manch harmlose, harmlos gemeinte Kritik löst vielleicht äußerlich eine gute Miene aus, innerlich aber ein Schlachtfeld aus Selbstzweifel und Wut, Ohnmacht und Racheimpuls, Ansporn und Kränkung" (Schulz von Thun, in: Benien 2010, 8). Dennoch ist es wichtig für unseren Berufsstand und für uns als Individuen, kritische Anmerkungen auch nach ‚oben' tragen zu können, ohne zum Spielball der Willkür zu werden. Konstruktive Kritik kennt keine hierarchische Ordnung. Sie darf geäußert werden, solang man *einige Rahmenbedingungen* beachtet.

kritische Anmerkungen nach ‚oben' tragen

1. Machen Sie sich erst damit vertraut, welche inneren Voraussetzungen (z. B. Erfahrungshintergrund, aktuelle Lebenssituation und Stimmung, persönliche Eigenarten, Stärken und Schwächen, Werte, Überzeugungen, Vorlieben, Ziele und Motive) Ihr Gegenüber (z. B. Konrektor, Rektor oder Schulrat) mitbringt.
2. Loten Sie aus, ob Ihr Gesprächspartner Ihnen mit Achtung und Respekt gegenübertritt und ob er Achtung vor sich selbst hat!
3. Wägen Sie ab, was gerade situationsgerecht ist und ob Sie mit Ihrer Kritik in Übereinstimmung mit sich selbst sind (Tipp 18)!

› Tipp 18

Tipp 55

4. Seien Sie gut informiert (Tipp 55)!
5. Achten Sie auf eine Wortwahl, die den beteiligten Personen und dem jeweiligen Thema entspricht (vgl. Benien 2010).
6. Eignen Sie sich die Fähigkeit an, „Kritik mit menschlicher Würdigung und Fürsorge zu verbinden und/oder die Kritik aus der eigenen Betroffenheit herauszuarbeiten und als Wunsch zutage treten zu lassen, dann stehen Ihre Chancen besser, dass Sie den anderen erreichen, statt ihn zu verletzen oder an seiner Abwehrmauer abzuprallen" (Schulz von Thun, in: ebd., 8).

Bei Beachtung der genannten Punkte wird Ihre konstruktive Kritik sicher als wertvoll und nicht als unverschämt empfunden und kann zu Veränderungen führen, die für beide Seiten positiv sind. Sie vermeiden dadurch spätere Konflikte, die entweder aufgrund von großer Unzufriedenheit und Überforderung entstehen können oder aus einem Gefühl großer Ungerechtigkeit resultieren.

Achtung!

Tipp 31, 99

Um konstruktive Kritik bei Vorgesetzten üben zu können, brauchen Sie sehr feine Antennen für die Einschätzung der Person, die Ihnen vorsteht. Loten Sie unbedingt erst aus, mit wem Sie es zu tun haben, beobachten Sie wertfrei (Tipp 31, 99) das Verhalten Ihres Schulleiters/Konrektors/Schulrats und hören Sie genau, worauf er Wert legt. Wenn Sie das erledigt haben, sind Sie in der Lage, seine Reaktion auf Ihre konstruktive Kritik realistisch zu beurteilen. Dann aber ist Ihre Kritik in Ihrer Wirkung tatsächlich präventiv, was die Entstehung von Konflikten mit der Obrigkeit betrifft, denn Sie müssen nicht unzufrieden und überlastet alles stemmen, was Ihnen aufgebürdet wird und Ihr Vorgesetzter muss dementsprechend nicht unzufrieden mit Ihrer Leistung sein.

Eigene Vorstellungen klarmachen

57

Jeder Lehrer hat in seinem Kollegium einen bestimmten Stand und übernimmt eine gewisse Rolle. Wenn diese Rolle auch Ihren eigenen Vorstellungen entsprechen soll, ist es wichtig, dass Sie sich bei Ihren Vorgesetzten dementsprechend präsentieren. Dazu ist es erst mal wichtig, genau zu wissen, wie Sie sich selbst sehen und herausfinden, was Ihnen wichtig ist (Tipp 13). Sobald Sie innerlich abgeklärt und sicher aufgestellt sind, können Sie Ihre Vorstellungen auch anderen klar übermitteln, ohne dass dabei Missverständnisse entstehen (Tipp 3). Sollen Sie z. B. eine neue Aufgabe im Kollegium übernehmen oder zusätzliche Bereiche in der Schülerarbeit stemmen, tragen Sie Ihre Vorstellungen dazu an Ihre Vorgesetzten heran und bieten gegebenenfalls Alternativlösungen an. Wahren Sie dabei stets eine sachliche Sprache und achten Sie auf Ihre Formulierung (Tipp 31) und Körperhaltung (Tipp 34). Damit meine ich nicht, dass Sie die Aufträge einfach ablehnen oder jammern, weil es Ihnen zu viel ist! Manchmal führt auch unsere Angst vor Zurückweisung oder unser minderes Selbstwertgefühl dazu, dass wir lieber über etwas klagen als unsere Bedürfnisse direkt und klar auszusprechen.Bitte denken Sie daran, dass wir alle zu einem reibungslosen und produktiven Verlauf beitragen und die an Sie herangetragenen Arbeiten Ihre Berechtigung haben. Sicherlich gelingt die Umsetzung besser für alle Beteiligten, wenn Sie deutlich machen, wie Sie am besten damit zurechtkommen oder wie Sie es noch lieber machen würden. An dieser Stelle ist auch die passende Gelegenheit, sich dafür Unterstützung zu wünschen. So weiß Ihr Schulleiter gleich, wie Sie die Aufgabe kompetent und zufriedenstellend erledigen können und es entsteht erst gar nicht der Eindruck, dass Sie sich vor etwas drücken möchten oder nicht patent genug für die gewünschte Umsetzung sind.

› Tipp 13

› Tipp 3

› Tipp 31, 34

Netzwerke bilden

58

Zu Experten Verbindung herstellen

Im Berufsalltag wird uns viel erleichtert, wenn wir Menschen unterschiedlicher Couleur und einem differenzierten beruflichen Hintergrund kennen und mit ihnen zusammenarbeiten können. Das Bild eines Spinnennetzes drängt sich mir auf, wenn ich daran denke, Netzwerke zu bilden. Denken Sie an all die Experten, die an jedem Ende eines Spinnenfadens sitzen und zu denen es gilt, eine Verbindung herzustellen. Im schulischen Bereich finden Sie z. B. Beratungslehrer, Schulpsychologen, Fachberater, Sozialpädagogen und Berufsberater, um nur einige zu nennen.

Stellen Sie sich nun in den Mittelpunkt und visualisieren Sie das Netz, das Sie umgeben kann und die Verknüpfungen, die möglich sind, um Ihnen den Schulalltag zu erleichtern. Die genannten Fachkräfte sind genau für diese Art der Zusammenarbeit da und bringen sich engagiert, bereichernd und unterstützend mit ihrem Fachwissen und ihrer Kompetenz ein. So liegt die Last und Verantwortung, die Sie täglich tragen, nicht alleine auf Ihren Schultern, sondern ist sinnvoll verteilt und verspricht hohe Produktivität. Mit einem gut funktionierenden Netzwerk können Sie sich selbst helfen, problemlos Rat holen, sind in vielen Bereichen unabhängig von Ihren Vorgesetzten, haben vielfältige Quellen zur Informationsbeschaffung (Tipp 54) und können so mehr umsetzen, als jeder Alleinkämpfer. Diese Art von Zusammenwirken wirkt präventiv im Umgang mit Ihren Vorgesetzten, denn Sie können sie aus vielen Fragen, Bitten oder Forderungen raushalten und selbst in Aktion treten. Somit entlasten Sie z. B. Ihre Schulleitung ungemein und vermeiden eine Konfrontation mit Entscheidungsträgern, die Ihr Anliegen eventuell nur deshalb ablehnen, weil sie überbelastet sind und keine Energie mehr frei haben, sich damit zu beschäftigen.

› Tipp 54

Achtung!

Das Bilden eines gut funktionierenden Netzwerkes erlaubt natürlich keine totale Entscheidungsfreiheit! Lassen

Sie geplante Aktionen und Vorhaben von Ihrer Schulleitung prüfen und absegnen, sodass Sie schulrechtlich abgesichert sind. Die Planung und Umsetzung liegt bei Ihnen und Ihren Netzwerkpartnern.

Gleich mal ausprobieren

Zeichnen Sie ein Spinnennetz auf und setzen Sie an die verschiedenen Enden Fachleute, die Sie bereits aus Ihrem beruflichen Umfeld kennen.
Überlegen Sie dann, inwiefern Sie die Zusammenarbeit entweder aufnehmen oder bereits bestehende intensivieren können. Je mehr Leute Ihnen einfallen, desto besser. Nutzen Sie nun auch die Verbindungen, die mitten im Netz liegen. Sie werden überrascht sein, wie viele kompetente Leute Sie umgeben!

Unklarheiten ansprechen 59

Missverständnisse entstehen häufig, wenn zwei oder mehreren Parteien etwas unklar ist und somit viel Raum für die eigene Interpretation bleibt. Im Umgang mit Ihren Vorgesetzten können solche bestehenden Unklarheiten beiderseits die Atmosphäre vergiften, wenn sie nicht konkret angesprochen werden. Angenommen Sie erfahren von einem Kollegen, dass Ihr Schulleiter angeblich mit Ihrem Verhalten in Lehrerkonferenzen nicht einverstanden sei, konkrete Details werden Ihnen aber nicht genannt. Dann haben Sie zwei Möglichkeiten:

1. Sie ärgern sich über diese Information, sind sich aber nicht sicher, ob es wirklich stimmt. Dennoch tragen Sie diese Ungewissheit mit sich herum und es macht sich sukzessive ein Gefühl der Ungerechtigkeit in Ihnen breit.
2. Sie gehen auf Ihren Schulleiter zu und sprechen diese Unklarheit auf der Metaebene an und fragen bei Bestätigung konkret nach den Gründen dafür.

Wenn Sie eine Sache auf der Metaebene ansprechen wollen, dann schicken Sie keine anklagenden „DU-Botschaften", sondern informieren Sie sich über die Sache. Eine mögliche Formulierung ist hier: *„Ich wollte mit Ihnen darüber sprechen, dass ich erfahren habe, dass Ihnen mein Verhalten bei unseren Lehrerkonferenzen nicht gefällt. Bin ich da richtig informiert?"* Das heißt, Sie gehen auf die betreffende Person zu und sprechen über eine Unklarheit, die Sie beide betrifft, ohne die andere Person direkt anzuklagen. Man könnte sagen, Sie informieren sich über den vermeintlichen Inhalt und holen die fehlenden Details ein. Mit dieser Maßnahme vermeiden Sie ein vor sich hin „Brodeln" von unklaren Inhalten, was früher oder später auf jeden Fall einen handfesten Konflikt entweder in Ihnen selbst (Tipp 11) oder mit der anderen Partei hervorrufen kann.

› Tipp 11

60 Leistung anerkennen und wertschätzen

Unsere Schulleiter, Konrektoren und Schulräte leisten täglich sehr viel und ‚kämpfen' an unterschiedlichen ‚Fronten'. Sie tragen eine große Verantwortung für die Schülerschaft und die gesamte Schulfamilie. Sie treffen Entscheidungen für uns und unsere Schule und tragen dafür auch die Konsequenzen. Sie dienen uns als Berater und Mentoren und setzen sich für uns ein, wenn es Probleme gibt. Sie sehen, unsere Vorgesetzten müssen sehr vielseitige Kompetenzen mitbringen und unbedingt belastbar und flexibel sein. Machen Sie sich das doch von Zeit zu Zeit mal bewusst und versetzen Sie sich in die Lage Ihres Chefs. Reflektieren Sie Entscheidungen, die getroffen werden und machen Sie sich ein Bild über den Gesamtzusammenhang. So können Sie objektiver urteilen und Missverständnissen vorbeugen, die eventuell zu einer großen Unzufriedenheit führen. Und dann denken Sie an sich selbst! Was macht Sie glücklich und zufrieden, wenn Sie ständig etwas leisten? Sicherlich allem voran, die Tatsache, dass etwas funktioniert. Noch besser fühlen Sie sich sicher, wenn Sie Anerkennung für Ihre Leistung erhalten und Sie sehen, dass das, was Sie tun, wertgeschätzt wird. Genauso geht es Ihren Vorgesetzten. Trauen Sie sich bitte, auch der Obrigkeit zu zeigen, dass Sie wissen, wie viel Arbeit hinter all dem steckt, was sie leistet und verbalisieren Sie Ihre Wertschätzung. Das nimmt Ihren Vorgesetzten den Druck, dem sie in vielfacher Hinsicht ausgesetzt sind, bestätigt sie in ihrem Tun und führt zu einem konfliktfreieren Miteinander.

Anerkennung für Leistung

Klarstellen von Regeln/Konsequenzen

61

Im Bereich der Intervention ist es für Sie von besonderer Wichtigkeit, dass Sie die gemeinsam erstellten Regeln (Tipp 28) und die dazu passenden Konsequenzen (Tipp 29) auch von Ihren Schülern einfordern. Schreiben Sie sich die Namen der Schüler auf, die sich nicht an eine Vereinbarung gehalten haben und machen Sie einen genauen Zeitpunkt zur Überprüfung der vereinbarten Konsequenz aus. Vermeiden Sie dabei Angaben wie: *„bis morgen"*, *„bis zum nächsten Mittwoch"* oder *„bis nächste Woche"*. Sie erschweren sich damit die Kontrolle und bieten dem Schüler einen großen Freiraum für die individuelle Interpretation des Begriffs ‚morgen'. Wenn Sie z. B. morgen nach der Pause meinen und der Schüler versteht es als morgen nach der Schule, ist die Wahrscheinlichkeit sehr groß, dass Sie sich beide verpassen. Und dann geht es um die Schuldfrage: *„Wer hat jetzt was falsch verstanden oder falsch gedeutet?"* Dafür haben Sie keine Zeit, wenn Sie dauerhaft konsequent bleiben wollen. Eine unmissverständliche Ansage ist z. B. *„Bringe mir die Zusatzarbeiten morgen um 7.50 Uhr ins Zimmer der 9a!"* Taucht der Schüler dann nicht auf, hat er entweder eine sehr gute Erklärung dafür, die auch Ihnen einleuchtet oder er erledigt eine weitere Arbeit.

› Tipp 28, 29

Zeigen Sie von Anfang an Durchhaltevermögen beim Verteilen von Konsequenzen und seien Sie resolut und zuver-

seien Sie resolut

lässig bei der Kontrolle der aufgetragenen Zusätze. Vernachlässigen Sie diesen Bereich, lernen die Schüler schnell, dass man Forderungen überhören kann! Die Konsequenz ist Teil der Ordnung und hilft, Grenzen zu ziehen. So erleben die Schüler Sie als ehrliche und glaubwürdige Autoritätsperson, die sich an das hält, was gemeinsam erarbeitet wurde und sehr an der Umsetzung interessiert ist. Nach einiger Zeit werden die Verstöße gegen Klassenregeln sicher weniger, da jedem Schüler bewusst ist, dass er bei der Vergabe von Konsequenzen nicht übersehen oder vergessen wird.

Gleich mal ausprobieren

Legen Sie sich eine Tabelle an, die z. B. so aussehen kann:

Name (Klasse)	Konsequenz	Datum/Vorfall	Datum Abgabe
Fritz Meier (8b)	Erörterung: Höflicher Umgang warum?	17.11.20XX Beschimpfung eines Mitschülers im Unterricht	21.11.20XX

Haben Sie diese Übersicht immer in Ihrer Mappe oder in Ihrem Klassenbuch, dann verlieren Sie nicht den Überblick und denken an die vereinbarten Termine. Wenn ein Schüler seine Arbeit erledigt hat, streichen Sie ihn einfach durch oder haken ihn ab. Mit dieser Maßnahme haben Sie auch die Möglichkeit, bei einem Elterngespräch auf die Vorfälle hinzuweisen und diese, falls nötig, mit einem Datum und dem genauen Vergehen zu belegen. Das Führen einer solchen Liste ist wenig zeitaufwändig, aber sehr effektiv.

62

Sicher sind Sie schon auf den einen oder anderen Schüler gestoßen, der sein Verhalten auch dann nicht ändert, wenn Sie zum wiederholten Male vereinbarte Konsequenzen von ihm einfordern. Selbst, wenn er die zusätzlichen Aufgaben erledigt und Ihnen auch vorlegt, sieht er keinen Sinn in einer dauerhaften Veränderung seines Verhaltens. Versuchen Sie sich dann einmal im Schaffen von Anreizen, die es für den Schüler lohnenswert machen, sich an die Regeln zu halten. Dazu müssen Sie den Schüler mit seinen Stärken und Schwächen einschätzen können. Im Sinne der positiven Verstärkung (bitte altersgerechte Formulierung verwenden) schauen Sie mehr auf das, was der Schüler gut kann und überlegen sich dann einen Anreiz, der den Schüler motiviert, sein Verhalten zu ändern. Positive Rückmeldungen helfen, das teils sehr negative Selbstbild des Schülers aufzubrechen und schult die positive Wahrnehmung. Dabei gilt es, kein Lob in die Rückmeldung zu packen, sondern sachlich zu äußern, was der Schüler richtig gemacht hat, z. B.: *„Ich habe heute in drei Unterrichtsstunden beobachtet, dass du dich an die Gesprächsregeln gehalten hast.“* Räumen Sie einem Schüler, der mit seinen Witzen immer wieder den Unterrichtsablauf stört z. B. eine Witze-Erzählzeit in Ihrer Stunde ein, wenn er sich in den nächsten vier Unterrichtsstunden in Ihrem Fach an die Gesprächsregeln hält. Dann hat er die Möglichkeit, nach allen Regeln der Witzekunst sein Publikum zum Lachen zu bringen und zwar offiziell. Nehmen wir an, Sie haben einen sehr sportlichen Schüler, der häufig die Hausaufgaben über das Wochenende nicht macht, weil er angeblich immer auf Turnieren oder Punktspielen ist. Bieten Sie ihm ein hausaufgabenfreies Wochenende an, wenn er die nächsten drei Montage seine Hausaufgabe vollständig vorzeigen kann. Auf diese Weise fördern Sie den Ehrgeiz der Schüler, das Ziel zu erreichen, obwohl Sie intervenieren und nicht mehr präventiv handeln. Das ist förderlich für die Motivation und verändert den Blickwinkel auf die Notwendigkeit der Einhaltung von Regeln.

Positive Rückmeldungen geben

Achtung!

Bitte achten Sie beim Schaffen von Anreizen stets auf die Umsetzbarkeit. Bieten Sie nur an, was Sie auch tatsächlich leisten können und verknüpfen Sie die Anreize mit einer Stärke des Schülers.

63 Sich von den Schülern begreifen lassen

Hüten Sie sich bei der Intervention davor, als reine Kontrollinstanz wahrgenommen zu werden, indem Sie jeglichen Widerspruch unterbinden und als unnahbare Autorität agieren. Schüler wollen uns und unsere Einstellungen begreifen und verstehen, um Entscheidungen unsererseits besser akzeptieren zu können. Formulieren Sie deshalb immer wieder Ihre Erwartungen und geben Sie den Schülern regelmäßige Rückmeldungen zu ihrem Verhalten. Geben Sie dem Schüler Raum für die Möglichkeit, seine Sicht zu schildern und eventuell einen Wunsch an Sie zu richten. Wägen Sie den Wunsch auf Sinnhaftigkeit und Umsetzbarkeit ab und entsprechen Sie diesem Wunsch dann von Zeit zu Zeit. Das offenbart den Schülern Ihre hohe soziale Kompetenz und signalisiert Ihre Bereitschaft zu einer ausgewogenen Zusammenarbeit. Machen Sie Ihren Schülern deutlich, wofür Sie stehen und erklären Sie sich. Die Zeiten, in denen Lehrkräfte von vornherein als Autorität galten, sind lange vorbei – stellen Sie also auch in der Intervention die Beziehungsebene vorne an, drücken Sie Ihre Wünsche aus, lassen Sie Ihre Angst und Wut spüren, sprechen Sie Ihre Hoffnung aus und zeigen Sie Ihre Freude. Handeln Sie gerecht und nachvollziehbar, dann ist es den Schülern möglich, sich in Ihre Person einzufühlen.

regelmäßige Rückmeldungen geben

erklären Sie sich

Sich Zeit nehmen

64

Für eine erfolgreiche, lehrerzentrierte Intervention brauchen Sie Zeit für die Diagnose des Problems. Beschreiben Sie als Erstes, was genau geschehen ist. Überlegen Sie sich dann, was Sie selbst dazu beigetragen haben. Wechseln Sie anschließend die Perspektive, um sehen zu können, wie es Ihren Schülern damit geht. Fragen Sie sich, was Ihnen aufgefallen ist und hören Sie auch die Aussagen der Schüler dazu. Diese Problemanalyse hilft Ihnen, eine sinnvolle Intervention einzuleiten, die nicht nur kurzzeitig fruchtet, sondern langfristig greift. Die investierte Zeit zahlt sich also für alle Betroffenen aus und zeigt den Schülern, dass Sie bereit sind, Zeit für sie und eine gerechte Klärung aufzubringen. Stehen Sie vor einem Konflikt mit einem Schüler, äußern Sie im Klassenzimmer konkrete Bitten und Aufforderungen, das zu tun, was Sie im Unterricht erwarten. Geben Sie dem Schüler eine persönliche Rückmeldung in einem Vier-Augen-Gespräch, z. B. nach der Stunde und begründen Sie Ihr Vorgehen. Senden Sie dabei Ich-Botschaften (Tipp 93) und bringen Sie eigene Vorschläge zur Lösung des Problems. Abhängig vom Verlauf dieses Dialogs ermöglichen Sie es auch dem Schüler, sich aktiv an der Lösungsfindung zu beteiligen. Dieses Vorgehen kostet etwas mehr Zeit als die Zurechtweisung im Klassenverbund, verspricht allerdings mehr Erfolg und fördert die Einsicht des Schülers. Auch ein Jugendlicher verspürt eine größere Wertschätzung, wenn er sieht, dass Sie sich die Zeit für ihn nehmen und ihn nicht einfach nur vor seinen Mitschülern abkanzeln, um Ihre Autorität zu wahren.

Problemanalyse durchführen

› Tipp 93

Achtung!

Es ist nicht notwendig, sich für jeden einzelnen Schüler Zeit nach der Stunde zu nehmen, um ein Verhalten im Vier-Augen-Prinzip zu besprechen. Denken Sie immer daran, dass alle Schüler Sie und Ihren Umgang mit anderen beobachten und sich darüber austauschen. Können Schüler nun also feststellen, dass Sie bei zwei oder drei ihrer Mitschüler darauf verzichtet haben, deren Verhalten im Unterricht vor versammelter Mannschaft anzuklagen, sondern sich im Anschluss an die Stunde einige Minuten Zeit genommen haben zur Klärung, so spricht sich das schneller herum, als Sie es sich vorstellen können. So kann die Intervention auf Dauer sogar präventiv wirken!

65 Ursache finden

Bestimmte Verhaltensweisen anderer Menschen verursachen bei/in uns Ärger. Ist Ihnen schon mal aufgefallen, wie schnell wir in unserem Ärger den/die anderen dann dafür verurteilen? Äußerungen wie: *„Ich bin so sauer, weil du das und das gemacht hast …"* oder *„Ich bin so wütend, weil du schon wieder nicht an dies und das gedacht hast …"*, kennen Sie alle und finden Sie sicher auch in Ihrem eigenen Sprachgebrauch wieder. Jetzt ist das mit der Schuldzuweisung so eine Sache – machen wir uns dazu bitte bewusst, dass nach Marshall B. Rosenberg im Kern jeden Ärgers ein Bedürfnis steckt, das nicht erfüllt wird. Das würde bedeuten, dass wir nicht sauer auf jemanden sind, weil er etwas gemacht hat, sondern vielmehr, weil durch sein Verhalten eines unserer Bedürfnisse nicht gestillt wurde. Sie können sich also zwei Fragen stellen:

1. Wieso macht mich dieses Verhalten so wütend?
2. Aus welchem Grund verhält sich der andere so?

› Tipp 30, 31

Zur ersten Frage ist es wichtig, dass Sie reflektieren, ob Sie Ihre Bedürfnisse z. B. in einer Klasse klar ausgedrückt haben (Tipp 30, 31), sodass die Schüler darüber Bescheid wissen. Überlegen Sie auch, ob es sich bei dem Vorfall um ein verstecktes Bedürfnis handelt, das Sie nicht öffentlich gemacht haben und es den Schülern daher nicht bewusst sein kann. Wägen Sie außerdem ab, ob es sich um ein Bedürfnis handelt, das aus der Situation heraus entstand oder aufgrund besonderer aktueller Umstände (z. B. wenig Schlaf, Streit mit dem Partner, Unstimmigkeiten mit einem Kollegen).

Zur Beantwortung der zweiten Frage bemühen Sie sich, den Hintergrund für das Verhalten des Schülers herauszufinden, um nachzuvollziehen, weshalb der Schüler so vorgeht und was er damit eigentlich bezwecken will. Sie hören also auf die verschlüsselte Botschaft, die hinter einem Angriff steht (Tipp 35) und begeben sich dann auf die Suche nach der Ursache für das ungewünschte Verhalten. Das heißt konkret: Sie unterscheiden zwischen Auslöser und Ursache und sind daran interessiert, langfristige Erfolge zu erzielen und sowohl sich selbst zu verstehen als auch Ihre Schüler. Besonders ergiebig ist dieses Vorgehen bei Schülern, die sich, Ihrer Einschätzung nach, häufig unangemessen verhalten oder Störungen verursachen. Ihre Zurechtweisungen verändern nichts, wenn Sie nicht herausfinden, aus welchem Grund der Schüler so handelt. Echte Intervention greift erst dann, wenn Sie die tatsächliche Ursache kennen und nicht nur den Auslöser bekämpfen wollen.

Hintergrund für Verhalten herausfinden

› Tipp 35

Kreisgespräch führen 66

Eine sehr gelungene Methode im Interventionsbereich ist das Kreisgespräch. Diese Art von Gespräch kennen Sie auch aus dem Bereich der Rituale (Morgenkreis, Wochenrückblick, Wochenvorschau …). Dabei geben Sie Ihren Schülern die Möglichkeit, in einer offenen Form miteinander ins Gespräch zu kommen und ein Problem aus unterschiedlicher Perspektive zu erörtern. Sie bilden mit Ihren Schülern einen Stuhlkreis, in dem sich keiner hinter einem Tisch oder seinem Nachbarn verstecken kann und jeder offen in die Runde schaut. Dabei haben Sie die Wahl, selbst als Diskussionsleiter zu agieren oder einem Schüler diese Aufgabe zu übertragen. Dann erklären Sie Ihren Schülern den aktuellen Gesprächsanlass (z. B. wiederholte Störungen in Ihrem Un-

offene Form für Gespräch

terricht durch unsachgemäße Äußerungen) und schildern Ihre Sichtweise des Problems. Anschließend erhalten die Schüler Redezeit und werden gebeten, zu beschreiben, wie sie die Sache sehen. Sie können die genannten Gründe eventuell an der Tafel sammeln oder selbst mitschreiben, sodass Sie am Ende der Runde eine Zusammenfassung bieten können. Der gemeinsame Austausch der Blickwinkel ermöglicht ein größeres Verständnis auf beiden Seiten – der Schüler- und der Lehrerseite. Nach der Erörterung machen Sie sich miteinander auf die Suche nach einer oder mehreren geeigneten Lösungen und halten diese gegebenenfalls im Klassenzimmer fest. So ist die Lösungsstrategie stets präsent und kann künftig präventiv wirken. Einmal mehr fühlen sich die Schüler ernstgenommen (Tipp 25) und Sie lassen sich von Ihren Schülern begreifen (Tipp 62). Es findet also eine kooperative Intervention statt, die Erfolg verspricht.

Austausch der Blickwinkel

› Tipp 25
› Tipp 62

Gleich mal ausprobieren

Nutzen Sie Kreisgespräche für verschiedene Gesprächsanlässe im Unterricht. Sie können in einem solchen offenen Kreis sehr viel beobachten, was Ihnen für die Einschätzung des Einzelnen hilfreich und wertvoll ist. Achten Sie auf die Körperhaltung der Schüler, den Blick, die Haltung des Kopfes und die Art, wie er zuhört. Die Sicherheit, die der eigene Tisch, die Sitzordnung oder der Nachbar bietet, ist plötzlich weg und jeder zeigt sich unverborgen in seiner ganzen ‚Pracht'. Das löst bei vielen Jugendlichen erst mal großes Unbehagen aus, das sie vielleicht als Desinteresse oder Langeweile nach außen hin präsentieren. Geben Sie den jungen Menschen Zeit, sich in dieser offenen Form einzufinden und bestärken Sie sie, sich aktiv in die Kommunikation mit einzubringen. Sie werden sehen, dass die Beiträge mit jedem Mal produktiver und auch reflektierter werden, wenn sich die Schüler sicher fühlen. Sobald Sie das erreicht haben, gelingen Kreisgespräche auch dann, wenn ein tatsächliches Problem vorliegt und es nicht nur um den Austausch von Inhalten geht.

Einzelgespräch führen

67

Bei manchen Schülern reicht es nicht, sich nach der Stunde einige Minuten Zeit zu nehmen, um Probleme zu besprechen. Wenn Sie sich in einer solchen Situation befinden, ist es wichtig, nicht zu resignieren oder wirklich wütend auf den Schüler zu werden, sondern ein (oder vielleicht auch mehrere) Einzelgespräche mit ihm zu führen. Bevor Sie das tun, finden Sie, soweit wie möglich, heraus, wo die Ursachen für das Verhalten des Schülers liegen (Tipp 65) und bereiten Sie sich auf das Gespräch vor. Notieren Sie sich Ihre Wünsche und das, was Sie von dem Schüler brauchen, um Ihre Arbeit ordentlich und auch zufrieden erledigen zu können. Stellen Sie im Gespräch dem Schüler ganz konkrete Fragen zu den einzelnen Verhaltensweisen (Tipp 92) und hören Sie auf seine Bedürfnisse (Tipp 35). Es gelingt sicher nicht immer im ersten Gespräch, dass der Schüler sich öffnet und/oder einsichtig zeigt. Gerade deshalb ist es sehr förderlich, in jedem Gespräch ein Ziel zu vereinbaren, das für beide Gesprächspartner sinnvoll und über einen gewissen Zeitraum überprüfbar ist. In einem zweiten Treffen können Sie miteinander klären, ob das vereinbarte Ziel erreicht wurde und sich gegebenenfalls ein Neues setzen. Halten Sie Ihre Vereinbarungen fest und fertigen Sie Gesprächsnotizen an. Damit schaffen Sie eine Verbindlichkeit und können ohne Redundanzen in jedem Gespräch ein Stück weiterkommen. Sie können die Verbindlichkeit noch verstärken, indem Sie Ihre eigene Unterschrift unter die Vereinbarung setzen und auch den Schüler unterzeichnen lassen. Bei Härtefällen bietet es sich an, einen Vertrag mit dem Schüler zu schließen (Tipp 70), bei dem er sich mit seiner Unterschrift dazu verpflichtet, sich an die Abmachungen zu halten. Gelingt ihm das nicht, haben Sie schriftliche Nachweise, die eine weitere Vorgehensweise erleichtern können.

› Tipp 65

› Tipp 92

› Tipp 35

Verbindlichkeit schaffen

› Tipp 70

Lehrer-Schüler-Elterngespräch

68

Vorbereitungsbogen als Gesprächsgrundlage

Bei länger anhaltenden Problemen mit einem Schüler ist es wichtig, die Eltern mit ins Boot zu holen und gemeinsame Gespräche durchzuführen. Das sogenannte Lehrer-Schüler-Elterngespräch bietet hierfür den passenden Rahmen und gibt Ihnen eine unterstützende Struktur vor. Als Vorbereitung auf das Gespräch händigen Sie dem Schüler und den Eltern einen Vorbereitungsbogen aus, der auf die jeweilige Partei zugeschnitten ist. Dieser Bogen wird von allen Beteiligten zum Termin mitgebracht und dient als Gesprächsgrundlage. Inhaltlich können sich folgende Bereiche auf dem Vorbereitungsbogen befinden:

1. *Für den Schüler:*
- das kann ich besonders gut …
- in diesen Bereichen/Fächern möchte ich mich noch verbessern …
- hier brauche ich Unterstützung (von den Eltern/vom Lehrer) …
- das ist mir außerdem noch wichtig, zu sagen …

2. *Für die Eltern:*
- Mein Kind hat folgende Stärken …
- Wir sehen Unterstützungsbedarf in folgenden Bereichen …
- Das können wir dazu tun …
- Was wir noch sagen wollten …

3. *Für die Lehrkraft:*
- Der Schüler hat folgende Stärken …
- Unterstützungsbedarf sehe ich in/bei …
- Das kann ich dazu tun …
- Dieser Kommentar ist mir wichtig …

Zusätzlich zu den Vorbereitungsbögen gibt es eine Übersicht für die Zielvereinbarungen, auf der auch der nächste Termin festgehalten wird und alle Beteiligten unterschreiben.

4. Übersicht:

Wer macht	Was?	Mit wem?	Bis wann?
Schüler			
Lehrer			
Mutter			
Vater			

Das Wichtige bei dieser Methode ist, dass die Stärken des Schülers eine zentrale Rolle einnehmen, auch wenn dieser sich bis dato nicht angemessen oder sogar kontraproduktiv verhält. Damit stellen Sie nicht mehr so sehr das Problem in den Vordergrund als vielmehr die Suche nach einer Lösung. Für diese Suche ist es unbedingt notwendig, die Stärken des Schülers zu kennen, um eventuell Anreize für eine Veränderung zu schaffen (Tipp 62) und nach vorne schauen zu können. Die gemeinsam vereinbarten Ziele veranschaulichen die gefundenen Lösungen und helfen, schrittweise eine Verbesserung herbeizuführen. Die Unterschrift aller Beteiligten verstärkt die Verbindlichkeit und zeigt, dass jeder Einzelne Verantwortung für sich und sein Handeln übernimmt.

zentrale Rolle der Stärken

› Tipp 62

Um die Ecke gedacht

Wenn Sie feststellen, dass sich bei einem Schüler Probleme in einem bestimmten Bereich anbahnen, können Sie das Lehrer-Eltern-Schüler-Gespräch auch präventiv einsetzen. Laden sie die Eltern ein, von Anfang an begleitend zu unterstützen und treffen Sie regelmäßige Absprachen mithilfe der Zielvereinbarungen. So haben Sie die Möglichkeit, einen Konflikt zu vermeiden, egal ob dieser vonseiten der Schüler oder Eltern entsteht.

69 Auszeiten ermöglichen

Viele Schüler tun sich schwer damit, den ganzen Vormittag das Unterrichtsgeschehen konzentriert zu verfolgen oder sich sogar aktiv daran zu beteiligen. Gerade verhaltensauffällige Schüler signalisieren uns mit ihrem Verhalten, dass sie überfordert sind oder nicht mehr können. Die Eskalati-

› Tipp 28

onsleiter (Tipp 28 SOS-Tipp) ist als Maßnahme so aufgebaut, dass sich ein Schüler, der wiederholt gegen die vereinbarten Klassenregeln verstößt, eine Auszeit nimmt und sich in dieser Zeit mit seinem Regelverstoß auseinandersetzt.

Dafür erhält er ein Arbeitsblatt, das ihn bei dieser Auseinandersetzung leitet und welches er vollständig ausfüllt. Mit dieser sogenannten Auszeit intervenieren Sie konsequent, verhindern eine Eskalation und sorgen für eine räumliche Trennung. Wenn Sie keinen Trainingsraum in Ihrer Schule haben, der am Vormittag besetzt ist, schicken Sie den Schüler zu einem benachbarten Kollegen in die Klasse und be-

Auszeit-Formular

stehen Sie auf ein komplett bearbeitetes Auszeit-Formular bis zur Rückkehr in die Klasse oder bis zur nächsten Stunde. Eine solche Pause soll dem Schüler helfen, sein Verhalten zu reflektieren und sich Gedanken zu machen, aus welchem Grund er sich derart verhält. Er stellt außerdem Überlegungen an, welche Probleme sein Verhalten bei anderen Menschen verursacht und denkt darüber nach, wie er sein Ziel anders erreichen kann. Erfährt der Schüler Ihrerseits regelmäßig die Konsequenz der Auszeit, so wird er sich überlegen, ob es nicht weniger aufwändig ist, sich an Regeln zu halten und bald auf einen Verstoß verzichten. Schülern, die z. B. eine diagnostizierte Aufmerksamkeitsdefizit-Hyperaktivitätsstörung (ADHS) haben, können Sie auch im Klassenzimmer eine kurze Auszeit ermöglichen, indem sie z. B. Aggressionsbälle kneten, sich mit dem Kopf auf die Bank legen und die Augen schließen dürfen oder auch nur den Gang zur Toilette als kurze Pause sehen. Vereinbaren Sie mit diesen Schülern ein Signal für eine benötigte Auszeit, sobald sie spüren, dass ihnen alles zu viel wird. So wird der Unterricht nicht unterbrochen, der Schüler kann sich ohne Aufsehen aus dem Geschehen zurückziehen und nach einigen Minuten wieder in das Thema einsteigen, ohne dass es zu einer Konfrontation oder gar Eskalation kommt.

Gleich mal ausprobieren

Hier ein mögliches Beispiel für ein Auszeit-Arbeitsblatt:

Gegen welche Regel hast du verstoßen?	
Wie hast du dagegen verstoßen?	
Welche Probleme entstanden dadurch für deine Mitschüler, deinen Lehrer, dich?	
Was wolltest du mit deinem Verhalten erreichen? Absicht?	
Geht das auch ohne Verstoß? Kurzer Plan für die Einhaltung der Regel:	
Wie kann dir der Lehrer dabei helfen, die Mitschüler?	
Triff eine Entscheidung!	Ja, ich setze meinen Plan um und halte mich künftig an die Regeln.

70 Einen Vertrag schliessen

Bei Schülern, die in der Vergangenheit noch nicht gelernt haben, ein mündliches Versprechen einzuhalten, reicht es nicht, sich bei Vereinbarungen auf ihr Wort zu verlassen. Vereinbaren Sie einen Gesprächstermin, in dem Sie miteinander Abmachungen treffen, die den jeweiligen Schüler bei der Einhaltung von Regeln unterstützen. Erläutern Sie genau, dass es sich hierbei um einen Vertrag handelt, den Sie miteinander eingehen und den sie beide mit ihrer Unterschrift besiegeln.

mit Unterschrift besiegeln

Klären Sie auch ab, aus welchem Grund Menschen Verträge schließen und übertragen Sie dies auf die Schulebene. Das hat Realitätsbezug und der Schüler erkennt die Brisanz der Situation. Schaffen Sie das Bewusstsein beim Schüler, dass der Vertrag eine letzte Möglichkeit ist, sein Verhalten zu verändern, bevor es eine disziplinare Maßnahme z. B. von der Schulleitung gibt.

Es ist ein großer Unterschied, ob man ein Gesprächsprotokoll unterzeichnet, um zu bestätigen, dass man anwesend war oder ob man einem Vertrag mit seiner Unterschrift zustimmt. Letzteres hat eine ganz klare Verbindlichkeit und das muss der betroffene Schüler verstehen. Achten Sie bitte darauf, dass der Inhalt des Vertrags nachvollziehbar ist und aus wenigen Punkten besteht. Das erhöht die Erfolgsmöglichkeit für den Schüler ungemein.

Ein gemeinsam erarbeiteter Vertrag fördert die Einsicht beim Schüler, seine Verhaltensweisen zu ändern, da ihm die Regel nicht übergestülpt wird, sondern er sie gemeinsam mit Ihnen formuliert. Enthält der Vertrag auch eine Lehrerregel, so fühlt sich der Schüler nicht alleingelassen und sieht, dass Sie für ein echtes Miteinander stehen und dies ernst meinen.

Gleich mal ausprobieren

Im Folgenden sehen Sie ein Beispiel für einen Vertrag, der zwischen einer Lehrkraft und einem Schüler geschlossen wurde.

Vertrag

Zwischen ___________________

und _____________________

Es wird heute Folgendes vereinbart:

Schülerregel:

Ich äußere mich sachlich und angemessen und löse Konflikte gewaltfrei, z. B. mit den Streitschlichtern.

Lehrerregel:

Ich biete Hilfen zur gewaltfreien Konfliktlösung im Unterricht und höre bei einem Problem genau zu.

Dauer des Vertrages:

4 Wochen (ab heute), neuer Gesprächstermin__________

Positive/negative Konsequenz:

Hier werden gemeinsam mit dem Schüler passende Konsequenzen aufgeschrieben, die bei der Einhaltung oder Nichteinhaltung zum Tragen kommen.

____________________ ____________________

Unterschrift Schüler Unterschrift Lehrer

71 Eine Wiedergutmachung ermöglichen

Bei allen Interventionsmaßnahmen, ganz gleich, ob lehrerzentriert oder kooperativ (mit den Schülern gemeinsam) ist es wichtig, den Schülern eine Möglichkeit zur Wiedergutmachung zu geben. Unsere Schüler brauchen eine unterstützende Erziehung, die ihren Realitätssinn schärft, ihr Selbstbewusstsein stärkt und die Bereitschaft zur Selbstverantwortung erhöht. Dafür schaffen wir die Rahmenbedingungen, indem wir Regeln aufstellen (Tipp 28) und passende Konsequenzen finden (Tipp 29). Diese schützenden Grenzen helfen den Schülern, sich besser orientieren zu können. Wenn wir die Konsequenzen zuverlässig und gerecht einfordern, weil Jugendliche sich noch nicht an die Vereinbarungen halten, dann ist unser nächster Schritt, den Schülern Zeit zu geben, die Verstöße wieder gutzumachen. Das heißt, wir beginnen unbefangen von Neuem und lassen dem Schüler ohne Vorurteile die Chance, sich verändert einzufinden. Beobachten Sie sein Verhalten, ohne es zu beurteilen und geben Sie ihm Rückmeldung über das, was Sie sehen. Halten Sie sich auch in diesem Fall mit Lob zurück, bleiben Sie sachlich. So kann sich der Schüler weiterentwickeln und gewinnt Vertrauen in sich und in Sie. Der Ausspruch, „Jeder verdient eine zweite Chance“ gilt für junge Menschen ganz besonders. Sie haben es in der Hand, ihnen diese Chance zu geben und so das neue Lehrerbild maßgeblich mitzuprägen.

› Tipp 28
› Tipp 29

zweite Chance geben

72 Hilfe in Anspruch nehmen

Leider kommt es immer wieder vor, dass unsere Interventionsmaßnahmen nicht fruchten und wir ratlos und frustriert aufgeben. Denken Sie immer daran, dass Sie kein Einzelkämpfer sein müssen und dass es vollkommen in Ordnung ist, sich für besondere Fälle Hilfe (Tipp 59) zu holen. Abhängig vom jeweiligen Fall können Sie auf den Sozialpäda-

› Tipp 59

gogen Ihrer Schule zugehen und mit ihm gemeinsam eine Strategie für den Problemfall erarbeiten. Er hat die Möglichkeit, den Schüler mehrfach aus dem Klassenverbund zu nehmen und in Einzelsitzungen mit ihm an seinem Verhalten zu feilen. Er kennt viele Methoden zur Förderung sozialer Kompetenzen und spricht auf einer anderen Ebene mit dem Schüler als Sie das tun. Es besteht keinerlei Abhängigkeit, das erleichtert dem Sozialpädagogen den Zugang zum Schüler. Eine andere Möglichkeit bietet die Zusammenarbeit mit der zuständigen Beratungslehrkraft/dem Schulpsychologen. Sie helfen bei Problemen mit Schulleistungen, beraten bei der Schullaufbahn, begleiten bei Verhaltensauffälligkeiten und führen testdiagnostische Verfahren durch. Sie kommen auch zu Ihnen in den Unterricht, wenn Sie ein Problem mit einem oder mehreren Schülern haben und daran interessiert sind, Ihr eigenes Verhalten im Umgang mit Schülern zu reflektieren oder Tipps zur Disziplinierung von Schülern brauchen. Greifen Sie bitte auch auf die Unterstützung durch kompetente Kollegen zurück (Tipp 53) und sprechen Sie mit ihnen über Ihre Problemfelder. Als weitere Instanz steht Ihnen natürlich noch Ihre Schulleitung zur Verfügung, bei ganz harten Fällen achten Sie bitte darauf, dass der Informationsfluss nach oben stets gesichert ist, sodass Sie keine Fristen versäumen und sich rechtlich absichern. Kooperation bei der Intervention ist ebenso förderlich wie nützlich und entlastet uns genauso wie eine Kooperation in der präventiven Arbeit.

› Tipp 53

Kooperation bei Intervention

Unterdrückung 73

Jeder Mensch hat unbewusst eine eigene Art, mit Konflikten oder konfliktbehafteten Situationen umzugehen. Nach Friedrich Glasl gibt es da z. B. die Form der Unterdrückung. Das folgende Fallbeispiel soll Ihnen helfen, zu differenzieren und einzuschätzen, welche Fehler Sie eventuell machen. Es zeigt Ihnen auf, wie eine Lehrkraft einen Konflikt behandelt, indem sie den betreffenden Schüler und seine eigentlichen Bedürfnisse unterdrückt.

Englischunterricht in einer 9. Klasse der Mittelschule: Der 15-jährige Peter verliert sich einmal mehr in seinen Gedanken an seine hübsche Freundin und weiß zum wiederholten Male nicht, wo die Klasse ist, als er aufgerufen wird. Dazu kommt noch, dass er seit längerer Zeit kaum noch Hausaufgaben macht und in der letzten Schulaufgabe eine 5 schrieb, weil er nichts gelernt hatte. Die Lehrkraft hat ihn bereits mehrmals darauf angesprochen und ihm zusätzliche Aufgaben gegeben, die er nicht zum vereinbarten Zeitpunkt vorlegen konnte. Weitere Konsequenzen erfolgten bisher nicht, da die Lehrkraft keine Lust auf eine intensivere Auseinandersetzung mit dem Schüler hatte. Jetzt hat der Lehrer die Nase endgültig voll von Peters Verhalten und lässt ihn wissen, dass er schon bald rausfinden werde, wer von ihnen beiden am längeren Hebel sitze! In den nächsten Stunden spielt der Lehrer seine Macht in allen Bereichen aus, indem er Peter alle zwei Minuten aufruft und Antworten von ihm will, die nicht Peters Leistungsstand entsprechen. Er baut massiv Druck auf und übersieht absichtlich die Not, die Peter empfindet. Auf Äußerungen Peters reagiert der Lehrer nicht, verbittet sich seinen Ton oder beschimpft ihn als ‚Looser', der hier überhaupt nichts zu melden hätte. Die Lehrkraft setzt ihre Autorität und Überlegenheit ungefiltert und vor allem ungerecht ein und hat damit die Absicht, den Schüler zu brechen. Blinder Gehorsam ist sein Ziel und dass der ‚Rotzlöffel' endlich mal eine Abreibung kriegt, die er nicht vergisst.
Finden Sie sich in Teilen wieder und sind entsetzt, das festzustellen? Dann machen Sie alles richtig, wenn Sie jetzt umdenken und nach anderen Lösungen hier im Buch suchen.

Achtung!

Im oben genannten Fallbeispiel geht es mir um Lehrkräfte, die diese Art von Konflikthandhabung regelmäßig anwenden, weil sie davon überzeugt sind, dass es ihr gutes

Recht ist, die Schüler zu unterdrücken, die nicht ‚parieren'. Wenn Ihnen so etwas passiert, weil Sie unvorbereitet beleidigt wurden, entschuldigen Sie sich nachher für Ihr ungerechtes Handeln und sagen Sie dem Schüler ganz klar, was Sie von ihm brauchen, damit so was nicht wieder passiert.

ELIMINIERUNG

74

Eine andere Form der Konflikthandhabung nach Friedrich Glasl ist die sogenannte Eliminierung. Das bedeutet, dass der Lehrer den betroffenen Schüler über einen längeren Zeitraum verspottet oder diffamiert und keinerlei Bereitschaft für die Ursachenfindung und Bereinigung des Problems mitbringt. Das folgende Fallbeispiel dazu soll veranschaulichen, wie destruktiv ein solches Verhalten des Lehrers sein kann und wie man damit einen Schüler systematisch zerstört:
8. Klasse Geschichtsunterricht in der Realschule: Es geht dem Fallbeispiel ein Konflikt zwischen Lehrer und Schüler voraus, der weder öffentlich angesprochen, noch geklärt wurde. Der Lehrer ist einfach nur sauer auf den Schüler und lässt seinen Frust an ihm aus:
Zu Stundenbeginn erkundigt sich die Lehrkraft nach den gemachten Hausaufgaben, indem sie dem Schüler X erst mal unterstellt: *„Und, sicher hast du deine Hausaufgaben mal wieder nicht?"* Der Schüler beteuert, sie gemacht zu haben und hält sein Heft in die Höhe, doch der Lehrer winkt ab mit den Worten: *„Ist ja wurscht, ist doch eh wieder alles falsch!"* Während der Stunde stellt der Schüler seinem Nachbarn leise eine Frage, darauf reagiert der Lehrer prompt laut und sagt: *„Na, willst du uns nicht alle mit deiner Weisheit erhellen, sicher hast du etwas ganz Wichtiges zu sagen!"* Der Schüler möchte sich rechtfertigen, wird jedoch eiskalt abgewürgt und mit den Worten abgekanzelt: *„Da checkt er schon gar*

nichts, besetzt hier einen Platz und will dann auch noch aufmucken!" Die Frustration im Schüler steigt immer weiter und sein Hass überträgt sich von der Lehrerperson auf das Fach, soweit, bis er ganz resigniert. Der Lehrer interpretiert dies aufgrund seines stark eingeschränkten Methodenrepertoires und seiner mangelnden sozialen Kompetenz als Kampfansage eines unbelehrbaren Jugendlichen und die Eskalation ist vorprogrammiert. Wenn Sie anhand des Fallbeispiels erkennen, dass Sie selbst teils zu solchen Äußerungen neigen, weil Sie sich persönlich angegriffen fühlen, dann finden Sie hier Hilfen (Tipp 23).

Frustration im Schüler steigt

› Tipp 23

Um die Ecke gedacht

Ein negatives Beispiel kann uns ebenso die Augen für Veränderung öffnen, wie ein hilfreicher Tipp. Deshalb achten Sie künftig im Unterricht noch genauer auf sich selbst und seien Sie kritisch mit Ihrem eigenen Verhalten. Es lohnt sich immer, dranzubleiben und aus Fehlern zu lernen!

75 Vermeidung

Viele Kollegen haben sich aus Scham, Unwissenheit oder mangelndem Selbstvertrauen eine Vermeidungstaktik angeeignet. Laut Friedrich Glasl verdrängen solche Menschen schwebende Differenzen und Konflikte oder verleugnen sie sogar. Das bedeutet, dass es nie zu einer Klärung kommen kann, weil das Problem erst gar nicht an- oder ausgesprochen wird und auch keinerlei Maßnahmen vollzogen werden, die der Problembewältigung dienen.

„unter den Teppich" kehren

Der betroffene Lehrer kehrt sozusagen alles „unter den Teppich" und belastet dadurch sich selbst bis hin zum „Burn Out". Die Atmosphäre in den Klassen ist vergiftet, weil die Schüler ganz schnell merken, wer konsequent ist und seinen „Mann" steht und wer nicht. ‚Vermeider' haben dann leicht den Ruf: „*Mit dem kannst du alles machen, der macht eh nichts!*"

So ein Ruf verleitet die Schüler natürlich noch mehr dazu, Grenzen zu überschreiten und sie sehen keinen Grund, daran etwas zu ändern, wenn sich die Lehrkraft nicht dagegenstellt. Machen Sie sich bitte bewusst, dass eine solche Konflikthandhabung Sie als Vorbild entfremdet und dass dauerhaftes Vermeiden eine große innere Unzufriedenheit auslöst, die sich sukzessive auf alle Lebensbereiche überträgt.

VERBÜNDETE SUCHEN 76

Wenn es uns nicht gelingt, zu den Schülern durchzudringen und unsere Interventionen keine Wirkung zeigen, machen wir uns häufig auf die Suche nach Gleichgesinnten und Verbündeten. Nach dem Motto „Geteiltes Leid ist halbes Leid" tauschen wir uns mit anderen aus und stellen beruhigt fest, dass sie ähnliche Probleme haben wie wir selbst. In erster Linie dient dieses Vorgehen dem Selbstschutz. Außerdem ist es eine prima Entschuldigung dafür, sich intensiver mit der Problematik auseinanderzusetzen und nach neuen Lösungswegen zu suchen. *„Ich habe jetzt schon so viel probiert und es klappt immer noch nicht …"* ist eine viel gehörte Aussage. Bei genauer Nachfrage, was denn schon versucht wurde, stellt man schnell fest, dass nach zwei allgemeingültigen Maßnahmen Schluss war und z. B. keinerlei Ursachenforschung betrieben wurde. Vordergründig geht es den Betroffenen besser, wenn sie mit anderen über die ‚bösen' Schüler schimpfen können. Dauerhaft schafft diese Verbindung jedoch ein sogenanntes ‚Jammerklima', das die Bereitschaft für Veränderung massiv blockiert und die Schuld stets bei anderen sucht.

‚Jammerklima' abwehren

Achtung!

Halten Sie Abstand von inhaltslosen ‚Jammerern' in Ihrem Lehrerzimmer. Diese werde immer Schüler, Eltern oder Vorgesetzte finden, die faul, dumm, unverschämt, bera-

tungsresistent und vieles mehr sind. Solche Leute sind stets auf der Suche nach Gleichgesinnten und möchten Sie in ihre ‚Clique' locken, um eine Lobby zu haben. Bleiben Sie offen und reflektiert und arbeiten Sie mit Kollegen zusammen, die eine ebenso positive Grundeinstellung haben wie Sie.

77 Autoritative Regelung

Während mancher Kollege sich aufopferungsvoll um seine Schüler und deren Belange kümmert und großen Wert auf die Beziehungsebene zwischen Lehrer und Schüler legt, finden sich in beinahe allen Kollegien auch Lehrkräfte, die alles über die formale oder gar juristische Autorität regeln. Sicher kennen Sie Lehrer, die sich damit brüsten, wenn Sie wieder mal einen Schüler zum Direktor geschickt haben, weil dieser so uneinsichtig und unverschämt sei. Es ist unbestritten, dass es Situationen gibt, die ein solches Vorgehen erfordern, doch diese sind hier nicht gemeint. In diesem Tipp ist es mir vielmehr ein Anliegen, Sie darin zu bestärken, dass eine autoritative Regelung eher als letzte Instanz einzustufen ist, von der Sie nur dann Gebrauch machen sollten, wenn es keinen anderen Weg mehr gibt oder wenn Gefahr in Verzug ist. Jeder, der schnell auf eine höhere Autorität verweist und diese in eine Konfliktlösung miteinbezieht oder ihr sogar die Verantwortung dafür übergibt, degradiert sich selbst. Sie hinterlassen den Eindruck, dass Sie alleine nicht in der Lage sind, das Problem zu lösen und verlieren dadurch Ihre bisher vorhandene eigene Autorität. Handeln Sie daher nicht übereilt und verletzt, sondern überlegen Sie gut, bevor Sie die Verantwortung abgeben. Nehmen Sie lieber Hilfe in Anspruch (Tipp 72), erweitern Sie Ihr Wissen im Konfliktmanagement und übernehmen Sie Verantwortung für Ihr Handeln.

› Tipp 72

78

Lehrkräfte, die bereits eine gewisse soziale Reife im Umgang mit Konflikten besitzen, handhaben nach Friedrich Glasl ihre Konflikte u. a. mit der Bildung einer Allianz. Das bedeutet, dass der aktuelle Konflikt auf Eis gelegt wird und die Beteiligten unter Umgehung des zentralen Konfliktes ein Bündnis schließen. So leiten sie ihren Fokus um auf andere Bereiche, das ursprüngliche Problem tritt in den Hintergrund und dominiert das aktuelle Geschehen nicht weiter. Alle Beteiligten erhalten so die Möglichkeit, sich auf einem anderen Gebiet zu beweisen und entkräften dadurch den konfliktbehafteten Bereich dauerhaft. Das folgende Fallbeispiel dient der Veranschaulichung.

Klassenlehrer-Unterricht in der 6. Klasse einer Mittelschule: Jeder Schüler der Klasse hat einen bestimmten Dienst, den er zuverlässig und eigenverantwortlich erledigt. Sabrina ist für das Anschreiben der Hausaufgaben zuständig, kommt dieser Aufgabe allerdings nur sehr unregelmäßig oder mit Aufforderung nach. Dadurch vergessen immer wieder Schüler die Hausaufgabe, da sie sich z. B. nach dem Fachunterricht die Hausaufgabe notieren wollen, die Tafel aber leer ist. So gehen sie davon aus, dass es heute keine Hausaufgabe in dem Fach gibt. Die Lehrkraft hat Sabrina schon häufig ermahnt und die vereinbarten Konsequenzen eingefordert. Trotzdem wurde es nicht besser und alle Schüler waren von der Auseinandersetzung schon genervt. Da es keinen Freiwilligen in der Klasse gab, der den Dienst übernehmen wollte, beschloss der Lehrer, sich in einem anderen Bereich mit Sabrina zu verbünden, um den Fokus auf ihre Stärke zu lenken und den Hausaufgaben-Konflikt für eine Weile zu vernachlässigen. Sie vereinbarten, dass Sabrina jeden Tag die krankgemeldeten Schüler in den Kalender des Lehrers auf dem Pult eintrug, weil sie immer sofort sah, wer fehlte. Diese Aufgabe machte der Schülerin viel Freude und sie fühlte sich wichtig. Nach kurzer Zeit, in der der Klassenlehrer meist selbst dafür sorgte, dass die Hausaufgabe an der

Tafel stand, übernahm Sabrina ihren Dienst unaufgefordert wieder und achtete genau darauf, dass sie nichts vergaß. Das geschlossene Bündnis mit ihrem Lehrer zeigte ihr, dass sie auch für andere Aufgaben geeignet war, die ihr viel wichtiger erschienen als das Anschreiben der ungeliebten Hausaufgabe. Nach dieser Erkenntnis war es kein Problem mehr für sie, sich dem konfliktbehafteten Bereich zuzuwenden und den Forderungen des Lehrers nachzukommen.

Um die Ecke gedacht

Je mehr Stärken Sie von Ihren Schülern kennen, desto leichter können Sie Bündnisse mit ihnen eingehen, die auf genau diese Stärken abzielen. Das ist vergleichbar mit der sogenannten „Baustellenarbeit", die Sie in der Klasse durchführen können und bei der jeder Schüler auf eine Sache besonders achtet, die er noch nicht so gut im Griff hat.

Nach einer Woche besprechen Sie die aktuellen Baustellen und finden mit der Klasse heraus, ob jeder einzelne Schüler seine Baustelle gut bewältigt hat oder ob er noch eine weitere Woche daran arbeitet. Gelingt es einem Schüler über mehrere Wochen nicht, seine Baustelle zu wechseln, so ist es sinnvoll, seinen Fokus für eine Woche auf eine andere Baustelle zu lenken. Danach steigt seine Bereitschaft sicher, das ‚alte' Problem erneut aufzugreifen.

79 Kompromisse suchen

Eine vielversprechende und für alle Beteiligten zufriedenstellende Handhabung mit Konflikten ist die Suche nach Kompromissen. Dabei macht jede Partei gewisse Zugeständnisse und signalisiert Interesse und Bereitschaft für eine Konfliktlösung. Um auf dieser Ebene an die Lösung eines Konfliktes zu gehen, bedarf es einiger Vorleistung. Zumindest eine Partei ist bereits so reflektiert (Tipp 1, 2) und klar

› Tipp 1, 2

mit sich selbst (Tipp 13), dass sie auf die andere Partei zugehen kann und diese für den Kompromissvorschlag gewinnen kann. Alle Beteiligten sind interessiert an der weiteren Zusammenarbeit, wenn der Konflikt gemeinsam bewältigt wird und sind deshalb bereit, vom eigenen Standpunkt abzuweichen und sich auf dem Weg mit der anderen Partei zu treffen. › Tipp 13

Im Schulalltag kann das so aussehen: Zwei Lehrkräfte bekommen sich immer wieder in die Haare, weil sie unterschiedliche Erwartungen haben, was die Verhaltensweisen ihrer Schüler betrifft. Die eine Lehrkraft (L1) besteht darauf, dass kein Schüler während des Unterrichts auf die Toilette gehen oder etwas trinken darf, denn dafür gibt es die Pausen. Die andere Lehrkraft (L2) hingegen erlaubt ihren Schülern, dann auf die Toilette zu gehen, wenn sie müssen und sie befürwortet das Trinken während des Unterrichts, weil sie findet, der ‚Hirnmuskel braucht Flüssigkeit'.
Das Problem entsteht nun regelmäßig, wenn die Schüler L1 bitten, auf die Toilette gehen zu dürfen oder in ihrem Unterricht einfach trinken. L1 ist dann sauer auf die Schüler, weil die doch genau wissen, dass beides bei ihr verboten ist und sieht sich dadurch provoziert. So kommt es immer wieder zum Schlagabtausch zwischen L1 und den Schülern und in der Folge natürlich auch zwischen L1 und L2. L1 erwartet von L2, strenger zu sein und hat es satt, ständig als Buhmann dazustehen, nur weil L2 so verweichlichte Ansichten hat. L1 will ihre Autorität auf keinen Fall verlieren, indem sie nun ihre Regeln aufweicht – sie sieht sich im Recht und übt Druck auf den Kollegen aus.
Zu einem Kompromiss kommt es erst dann, wenn L2 so geklärt ist, dass sie auf L1 zugeht, über das Problem sachlich spricht (Tipp 52), ihr deutlich macht, dass ihr die weitere Zusammenarbeit sehr wichtig ist (Tipp 48) und sich dann für einen Kompromiss ausspricht. Nach dieser Vorleistung fühlt sich L1 geschmeichelt und ist bereit, auf L2 zuzugehen. Sobald sie sich einig sind, klären sie die Schüler über den Kompromiss auf und sorgen so für Transparenz. › Tipp 52
› Tipp 48

Achtung!

Einen Konflikt mittels Kompromissen zu bewältigen, ist eine ordentliche Sache, solange beide Parteien bereit für Zugeständnisse sind. Achten Sie stets auf ein ausgeglichenes Verhältnis zwischen den beteiligten Personen, denn wenn Sie auf Ihr Gegenüber zugehen, sollte das nicht bedeuten, dass Ihr Gegenüber einen Schritt zurückgeht. Es ist sehr wichtig, dass alle bereit sind, von ihrem Standpunkt abzuweichen und sich auf einen Vorschlag des anderen einzulassen. Einseitige Kompromisse führen auf Dauer zu Unzufriedenheit und schmälern das Selbstbewusstsein. Außerdem spricht es sich schnell herum, wenn eine Person bereitwillig Zugeständnisse macht, aber keine Bedingung damit verknüpft. Lassen Sie sich also nur auf Kompromisse ein, mit denen Sie zurechtkommen!

80 Integration

soziale Reife

Auf der Stufe der Integration im Rahmen der Konflikthandhabung besitzen die Beteiligten nach Friedrich Glasl bereits eine hohe soziale Reife. Hier respektieren die Parteien ihre Unterschiede und versuchen sogar, ihren Gegner zu verstehen. Es besteht ein grundlegendes Interesse daran, über die gegensätzlichen Meinungen zu diskutieren und sich über diese Auseinandersetzung anzunähern. Alle Personen haben verstanden, dass Konflikte eine wertvolle Grundtatsache unseres Lebens darstellen (Tipp 1) und suchen die Veränderung über den Konflikt. Um auf dieser Ebene agieren zu können, müssen Sie viele kleine Schritte im großen Bereich des Konfliktmanagements gehen. Sehen Sie die Tipps in diesem Buch dafür als hilfreiche Struktur.

› Tipp 1

Das folgende Praxisbeispiel dient der Veranschaulichung eines möglichen Ablaufs, wenn Integration stattfindet:
Ein sehr engagierter und schülerorientierter Lehrer steht im regelmäßigen Austausch mit der Beratungslehrkraft der

Schule. Beobachter im Lehrerzimmer hören hitzige Debatten und sehen intensive Diskussionen zwischen den beiden, die auf unterschiedliche Sichtweisen zurückgehen. Dennoch verlor in der Vergangenheit keiner ein schlechtes Wort über den anderen, ganz im Gegenteil – die Beobachter glauben, dass sich beide außerordentlich respektieren. Die beiden genannten Personen sehen in der Integration einen großen Gewinn für ihre eigene Entwicklung. Diese Art der Konfliktregelung ermöglicht es ihnen, ihren Horizont zu erweitern, auch wenn es bedeutet, den anstrengenden Weg der Auseinandersetzung zu gehen. Beide sind daran interessiert, den eigenen Standpunkt zu transportieren, lassen aber auch einen Rücktransport zu. So reiben sich die Pädagogen auf sachlicher Ebene, ohne den anderen zu verletzen oder ihm respektlos zu begegnen. Sie sehen, die Integration ist die Königsklasse der Konfliktbewältigung, weil sie so viel Vorwissen braucht.

Regeln für Konfliktgespräche

81

- *Ort:*
  Für ein schwieriges Gespräch ist es förderlich, wenn Sie einen neutralen Ort wählen (also z. B. nicht Ihr Klassenzimmer oder das Wohnzimmer der Eltern), sodass die Atmosphäre sozusagen ‚unparteiisch' ist.

neutraler Ort

- *Vier-Augen-Prinzip:*
  Gewährleisten Sie stets, dass Sie in Ruhe und ungestört sprechen können, ohne dass Zuhörer in Reichweite sind.

Ruhe

- *Thema:*
  Konzentrieren Sie sich auf ein Thema, auch wenn es mehrere konfliktbeladene Bereiche gibt. Es ist ohnehin schwer genug, ein erfolgreiches Konfliktgespräch zu führen. Da ist es wichtig, dass sich alle Beteiligten auf eine Sache beschränken. So wird auch die Zielerreichung wahrscheinlicher. Denken Sie daran, dass das oberste Ziel des Gesprächs eine Lösung sein soll.

ein Thema

- *Ruhe ausstrahlen:*
  Sicher sind Sie vor einem schwierigen Gespräch nervös. Da hilft es, vor dem Eintreffen der anderen Partei ein paar Mal tief und ruhig einzuatmen, bis in den Bauch, und langsam und kontrolliert wieder auszuatmen. Am besten schließen Sie dabei die Augen und denken an etwas Positives!
- *Bereitschaft signalisieren:*
  Zeigen Sie von Anfang an, dass Sie gesprächs- und verhandlungsbereit sind und machen Sie klar, dass Sie an einer Lösung interessiert sind und nicht an der Klärung der Schuldfrage!

an Lösung interessiert sein

82 Auf das Gespräch vorbereiten

Wenn Sie ein Konfliktklärungsgespräch führen, wollen Sie in der Regel auch ein Ziel erreichen. Um das gewährleisten zu können, bereiten Sie sich bitte auf das Gespräch vor. Machen Sie sich dazu vorher noch einmal bewusst, dass ein Gespräch immer auf zwei Ebenen abläuft – der Sachebene und der Beziehungsebene. Es soll also ein Anliegen übermittelt werden zwischen Menschen, die in einer Beziehung zueinander stehen. Zu einer professionellen Vorbereitung gehören erstens die Organisation und zweitens der Inhalt.

Zu 1.: Überlegen Sie, wo das Gespräch am besten geführt wird, sodass sich beide Parteien wohlfühlen können. Planen Sie eine ansprechende und wertschätzende Sitzordnung mit genügend Distanz ein, z. B. über das Eck des Tisches. Diese Sitzordnung erleichtert es Ihnen, den Blick auf etwas anderes zu richten, falls es zum verbalen Angriff kommt.

Legen Sie einen geeigneten Zeitpunkt und -rahmen für das Gespräch fest und meiden Sie die Mittagszeit. Bringen Sie wichtige Materialien, die zur Veranschaulichung nötig sind, mit, so können Sie manches belegen oder bei der Gefahr einer Eskalation im Rahmen der 3-Punkt-Kommunikation auf das Material umleiten (Tipp 98).
Zu 2.: Machen Sie sich das Gesprächsthema bewusst und legen Sie ein Ziel fest. Überlegen Sie im Rahmen des Konstruktivismus (Tipp 19), wie Sie den Gesprächspartner annehmen können, auch wenn es Differenzen zwischen Ihnen gibt. Suchen Sie nach Dingen, die in vorausgegangenen Gesprächen gut geklappt haben und machen Sie sich Gedanken zur Persönlichkeit Ihres Gegenübers. Legen Sie sich eine Strategie zurecht, falls es zu Regelverletzungen kommt, sodass Sie eine Eskalation vermeiden.

› Tipp 98

› Tipp 19

Gleich mal ausprobieren

Legen Sie sich eine Liste mit wichtigen Anhaltspunkten für ein Konfliktgespräch an und fügen Sie nach jedem erfolgreichen Gespräch das hinzu, was gut funktionierte. Teilen Sie die Liste nach den einzelnen Phasen ein, so haben Sie eine Struktur, einen Leitfaden, der sie durch das Gespräch führt und Sie unterstützt, falls es zu einer unvorhergesehenen Abfolge kommt.

1. Phase: Einführen

83

Diese erste Phase kann ganz entscheidend für den restlichen Verlauf des Gesprächs sein, deshalb sollte es Ihr Ziel sein, eine möglichst günstige Ausgangslage für den weiteren Verlauf zu ermöglichen. Mit der Begrüßung können Sie eine emotionale Schiene finden, die Sie durch non-verbale Sprache verstärken. Stehen Sie auf und gehen Sie auf Ihr Gegenüber zu. Reichen Sie Ihre Hand und suchen Sie den direkten Augenkontakt. Bieten Sie einen Platz an und fragen Sie z. B., wie die Herfahrt verlaufen ist. Bitte fallen Sie nicht gleich mit der Tür ins Haus, sondern ebnen Sie den Weg für ein produktives Gespräch, auch wenn es im Vorfeld Unstimmigkeiten gab. Sie befinden sich im Hier und Jetzt und wollen gemeinsam nach vorne gehen, also belasten Sie sich nicht mit Vergangenem!

SOS-Tipp

Formulierungshilfen zur Einführung:

- „Schön, dass Sie sich die Zeit nehmen."
- „Ich freue mich, dass Sie es einrichten konnten."
- „Ich bin froh, dass Sie mich um das Gespräch gebeten haben."
- „Schön, dass wir in Ruhe miteinander sprechen können."
- „Ich finde es wirklich gut, dass Sie sich heute noch einmal mit mir zusammensetzen."
- „Ich freue mich über Ihre Gesprächsbereitschaft."
- „Ich bin erleichtert, dass Sie ebenfalls an einer Lösung interessiert sind."

84

2. Phase: Konflikt darstellen

Klären Sie hier den Anlass, das Anliegen und das Ziel und drücken Sie sich dabei so präzise wie möglich aus.
Beispiel: „Wir sind heute zu einem Gespräch zusammengekommen, weil es in der Vergangenheit Probleme mit dem Verhalten Ihres Sohnes im Umgang mit Mitschülern gab und wir herausfinden wollen, wie wir das gemeinsam lösen."
Stellen Sie noch einmal fest, wer das Gespräch wollte, d. h. verbalisieren Sie, bei wem das Problem liegt.
Beispiel: „Sie haben mich um ein Gespräch gebeten, weil Sie die Probleme Ihres Sohnes im Umgang mit Mitschülern ansprechen und klären möchten."

Verweis auf Zeitstruktur

Verweisen Sie auf die eingeplante Zeitstruktur und machen Sie dann einen Vorschlag zum Verlauf des Gesprächs.

Beispiel: „Wir haben jetzt eine Stunde Zeit, um miteinander zu sprechen und herauszufinden, wo unsere Vorstellungen eigentlich auseinander gehen. Mein Vorschlag ist, ich beginne damit, meinen Standpunkt zu erläutern und anschließend höre ich Ihnen zu. Ist das für Sie in Ordnung?"

Wenn die/der Partner einverstanden sind/ist, beginnen Sie mit Ihrer Darstellung der Situation, die Sie ohne Unterbrechung offenlegen dürfen. Achten Sie bei Ihren eigenen Aussagen auf drei Grundregeln:

1. Senden Sie echte Ich-Botschaften (Tipp 93), die keine versteckten Du-Botschaften enthalten, sonst geht Ihr Gegenüber in den Angriffs- oder Verteidigungsmodus.
2. Bleiben Sie bei Ihrer Aussage beim aktuellen Geschehen und greifen Sie nicht auf alten „Ärger" zurück, da sich der Konfliktpartner sonst gegen eine Generalisierung wehren muss. Dadurch verlieren Sie Ihr eigentliches Ziel aus den Augen.
3. Bitte verzichten Sie beim Vorbringen Ihres Standpunktes ganz und gar auf Vorwürfe, Appelle und/oder Empfehlungen. Sie begegnen sich in diesem Gespräch auf Augenhöhe und wollen gemeinsam zu einer Lösung kommen, da sind Vorwürfe oder Tipps kontraproduktiv.

› Tipp 93

aktuelles Geschehen

keine Vorwürfe, Appelle oder Empfehlungen

Reichen Sie Ihrem Gegenüber die Hand, indem Sie z. B. in einem kritischen Elterngespräch klar ausdrücken, dass die Hauptverantwortung bei den Eltern liegt und dass Sie die Eltern als Experten für den persönlichen und häuslichen Bereich des Kindes sehen. Beziehen Sie ganz klar Ihre Position als Fachkraft für den schulischen Bereich.

Beispiel: „Sie als Eltern haben die größte Verantwortung für Ihr Kind und kennen es am besten."

„Sie sind die Experten für Ihr Kind, was die persönliche Entwicklung angeht und was den häuslichen Bereich angeht. Ich bin die Fachkraft für Unterricht und Schule."

Kommt es in dieser Phase bereits zu Vorwürfen oder Angriffen, appellieren Sie an ein respektvolles Miteinander und entschärfen Sie die Situation, indem Sie den Angriff nicht persönlich nehmen und nur bedingt darauf eingehen.

Beispiel: „Ich sehe, dass Sie das schwer beschäftigt, die nächsten 5 Minuten gehören Ihnen." (wirkt sehr entwaffnend!)
„Ich sehe, das treibt Sie wirklich um. Dennoch bitte ich Sie, trotz unterschiedlicher Sichtweisen, im Interesse Ihres Kindes, dass wir fair miteinander umgehen."
„Ich danke Ihnen für Ihre Offenheit, möchte Sie aber darauf hinweisen, dass es mir sehr wichtig ist, die Angelegenheit in gegenseitigem Respekt zu besprechen."

› Tipp 90

Bitte hören Sie bereits in dieser Phase sehr aufmerksam und vor allem aktiv zu (Tipp 90), auch wenn dies manchmal durch unsachgemäße Äußerungen erschwert wird. Keine Angst, damit geben Sie dem Sprechenden nicht Recht oder billigen seinen Standpunkt, Sie zeigen damit einfach nur Haltung. Sie hören zu, weil Sie wissen wollen, was in dem anderen vorgeht, auch wenn Sie ganz anderer Meinung sind. Karl Benien (2011, 130) sagt: „Verständnis ist nicht gleich Einverständnis."

85 3. Phase: Konflikt erhellen

Unterschiede wertschätzen

In dieser Phase kommt es zu einem Dialog zwischen den Streitenden, in dem die unterschiedlichen Sichtweisen der Parteien ‚ausgefochten' werden. Ein positiver Gesprächsverlauf ist dann möglich, wenn Sie die Unterschiede wertschätzen und Grenzen akzeptieren. Sie umkreisen das Konfliktthema mit Ihrem Partner und wechseln ständig zwischen Zuhören und Reagieren. Unterdrücken Sie bitte das Bedürfnis, Ihre Position starr durchsetzen zu wollen, auch wenn Ihr Partner es Ihnen nicht leicht macht, sondern hören Sie immer genau hin, um mögliche Gemeinsamkeiten für eine Lösung zu finden und haben Sie das formulierte Ziel fest im Blick. Versuchen Sie zu paraphrasieren (Tipp 96) und hören Sie empathisch zu (Tipp 26). Legen Sie Ihren Fokus auf mögliche Chancen, so versteifen Sie sich nicht auf den vorhandenen Mangel. Auch das erleichtert die Zielfindung. Seien Sie bereit für einen Perspektivenwechsel, der

› Tipp 96
› Tipp 26

Sie den Standpunkt Ihres Streitpartners besser nachvollziehen lässt.

SOS-Tipp

Man spricht von einem verlangsamten Streitdialog, wenn Sprecher und Zuhörer regelmäßig die Rolle wechseln und es so zu einem Austausch von Ansichten kommen kann. Im besten Fall sieht eine Abfolge dann so aus (Benien 2010, 133: nur teils, ohne Bilder und verkürzt):

Äußerung von A →

→ B hört zu, nimmt auf, verarbeitet und reichert an Äußerung von B

→ A hört zu, nimmt auf, verarbeitet und reichert an Äußerung von A usw.

4. Phase: Lösen

86

Wünsche bewerten

In der Lösungsphase fassen Sie das bisher Erreichte zusammen und sammeln Lösungsideen für das gemeinsame Anliegen. Dazu äußern die Beteiligten ihre unterschiedlichen Wünsche, die Sie miteinander bewerten, und anschließend versuchen zu konkretisieren. Gehen Sie zusammen Ihr verfasstes Gesprächsprotokoll durch und greifen Sie die wichtigen Inhalte des Gesprächs noch mal auf, dabei ist es erlaubt, ja sogar erwünscht, die bestehenden Unterschiede aufzuführen.

„Lassen Sie mich bitte noch einmal zusammenfassen, was wir heute herausgefunden haben. Wir sind uns also darüber einig, dass es … in der Schule besser gehen soll. Dabei ist Ihnen besonders wichtig, dass …, während mir am Herzen liegt, dass … In

dem Punkt … konnten wir uns heute nicht annähern. Sehen Sie das genauso?"

Blick in die Zukunft richten

Anschließend wenden Sie Ihren Blick in die Zukunft und konzentrieren sich darauf, wie Sie gemeinsam eine Änderung erreichen, die für alle Beteiligten sinnhaft und zufriedenstellend ist. Schenken Sie dabei Ihrem Gesprächspartner sehr viel Aufmerksamkeit, um sicherzugehen, dass er alle seine Wünsche kundgetan hat. Karl Benien (2010, 135) sagt: „Der verschwiegene Wunsch von heute ist der Vorwurf von morgen!"

Seien Sie nicht enttäuscht, wenn Sie in dem ersten Konfliktgespräch nicht zu einem gemeinsamen Ziel kommen. Häufig braucht es dazu mehrere Anläufe. Die Grundlage für alle weiteren Zusammentreffen schaffen Sie auf jeden Fall und die ist unendlich wichtig für das zukünftige Geschehen.

SOS-Tipp

› Tipp 23
› Tipp 26

Für alle Phasen des Konfliktgesprächs gilt: Nehmen Sie sich persönlich zurück (Tipp 23), hören Sie empathisch zu (Tipp 26) und bringen Sie Ihrem Partner Wertschätzung entgegen, auch wenn dieser nicht dazu in der Lage ist. Dieses Verhalten wirkt unheimlich entwaffnend, weil Sie keine verbalen Angriffe zurückgeben, sondern nur den tatsächlichen Inhalt der Äußerung umschreiben. Sie nehmen dem wütenden Angreifer sozusagen den Wind aus den Segeln und bleiben wertschätzend beim Thema.

87 5. Phase: Abschliessen

Diese Phase ist für eine Abrundung des Gesprächs gedacht. Sie haben nun Ihre Wünsche vorgetragen und bereits bewertet, die wichtigsten Inhalte des Gesprächs haben Sie mittels des Protokolls zusammengefasst und gemeinsam ein Ziel formuliert. Sie holen sich in der letzten Phase des Konfliktgesprächs erneut die Zustimmung Ihres Partners, was das Vorgehen zur Erreichung des Ziels angeht und vereinbaren einen Zeitraum, in dem Sie beide (oder auch andere Beteiligten) versuchen, das Vereinbarte umzusetzen. In diesem Zeitrahmen ist es förderlich, wenn Sie sich Notizen über Fortschritte oder erneute Probleme machen und diese dann beim nächsten Treffen verbalisieren. Überlegen Sie gemeinsam, wie lange ein günstiger Zeitrahmen zu setzen ist, um tatsächliche Ergebnisse sehen zu können. Vereinbaren Sie dann einen neuen Termin, um sich über die Fortschritte und Erfahrungen auszutauschen und eventuell ein neues Ziel zu formulieren. Schließen Sie Ihr Gespräch ab, indem Sie z. B. fragen, *„Ist heute noch irgendetwas offen geblieben, das wir klären müssen?", „Bevor wir uns verabschieden, möchte ich gerne noch wissen, wie es Ihnen in unserem Gespräch ergangen ist."*

Informieren und argumentieren

88

Bevor ich Ihnen die Phasen des Kritikgesprächs erkläre, möchte ich auf den Unterschied zwischen Konflikt- und Kritikgespräch eingehen. Zu einem Kritikgespräch laden Sie ein, wenn Sie z. B. mit der Leistungsbereitschaft eines Kindes oder der häuslichen Unterstützung nicht einverstanden sind. Das heißt, Sie üben Kritik an dem Verhalten einer Person oder ihrer Arbeitsleistung. In der freien Wirtschaft werden Kritikgespräche dann geführt, wenn ein Chef Mängel in der Arbeitsleistung seines Mitarbeiters sieht, es liegt also eine hierarchische Struktur vor. Im schulischen Bereich führen wir mit unseren Schülern ein Kritikgespräch, um ihnen frühzeitig rückzumelden, dass wir mit etwas nicht einverstanden sind. Im Umgang mit Eltern und Kollegen verwischen die Grenzen zwischen Kritik- und Beratungsgespräch, da wir ihnen ja stets auf Augenhöhe begegnen (Tipp 40). Zu einem Konfliktgespräch kommt es, wenn zwei oder mehrere Parteien so unterschiedliche Ansichten bei einer Sache haben, dass eine Klärung für die weitere Zusammenarbeit notwendig ist.

› Tipp 40

Wie gehen Sie bei einem Kritikgespräch vor? Erklären Sie Ihrem Partner, weshalb Sie um dieses Gespräch gebeten haben, z.B: „*Ich möchte heute über deine Frustrationstoleranz im Umgang mit Mitschülern sprechen.*"

Problem benennen

Benennen Sie anschließend das Problem genau und mit Beispielen, sodass der Zuhörer versteht, womit Sie nicht einverstanden sind, z. B.: „*Ich habe in der Vergangenheit häufig beobachtet, dass du bei der Partner- oder Gruppenarbeit sehr schnell ungeduldig wirst und deine Mitschüler für ihre Vorschläge bloßstellst oder sie beleidigst. Wenn sie sich verteidigen wollen, duldest du keinen Widerspruch und beschimpfst sie als vertrottelte Idioten. Dasselbe Verhalten habe ich auch in der Pause beim Fußballspielen gesehen, da wurdest du sogar körperlich aggressiv und hast andere Mitspieler verletzt.*"

Fakten nennen

Konzentrieren Sie sich beim Informieren auf Fakten und achten Sie auf präzise Angaben, welche eine Formulierung mit Worten wie „nie" oder „immer" ausschließt. Hängen Sie an die Information Ihren Wunsch, der deutlich macht, was Sie von Ihrem Schüler künftig erwarten, z. B.: „*Ich möchte, dass du in Zukunft mehr Respekt für deine Mitschüler zeigst, indem du ihnen genau zuhörst und ihre Meinung akzeptierst, auch wenn du es anders siehst, weil es mir sehr wichtig ist, dass meine Schüler ordentlich miteinander umgehen und ihre Verschiedenheit tolerieren.*"

Jetzt erhält der eingeladene Gesprächspartner die Möglichkeit, seine Sichtweise darzustellen oder Fragen an Sie zu richten, falls er etwas nicht verstanden hat. Hier sind Sie als aktiver Zuhörer gefordert, der einschätzen kann, ob das Gegenüber die Kritik wirklich verstanden hat. Bei Unverständnis geben Sie bitte eine erneute Erklärung ab, diesmal vielleicht mit einem noch konkreteren Beispiel. In dieser Phase sollte das Gespräch in ein wechselseitiges Zuhören und Nachfragen übergehen, um sich einer Lösungsfindung zu nähern.

89

eigene Lösungsideen nennen

In der Beschlussphase sind sich beide Parteien einig, dass es ein Problem gibt und dass z. B. der Schüler, an sich arbeiten muss, um das Problem zu beheben. Sie bieten dafür mögliche Hilfestellungen an, das Hauptaugenmerk liegt jedoch eindeutig auf der eingeladenen Person. Ziel dieser Phase sollte sein, dass der Betroffene selbst Lösungsideen hervorbringt, denn das erleichtert ihm die Umsetzung. Ist er dazu nicht in der Lage, wägen Sie ab, ob Sie Ihre Lösungen vorschlagen oder ob Sie einen neuen Termin ausmachen, bis zu welchem der Schüler sich etwas überlegt. Zur leichteren Lösungsfindung bieten Sie anschauliche Beispiele von gewünschtem Verhalten in den kritischen Situationen, wie z. B.: *„In der Gruppen- oder Partnerarbeit fragst du genau nach, wenn du einen Vorschlag eines Mitschülers nicht verstehst oder damit nicht einverstanden bist. Wenn du spürst, dass du richtig sauer wirst, dann zähle leise für dich rückwärts von 10 auf 1 runter und sprich erst danach."* Das verhilft dem Schüler sicher zu Vorschlägen. Zum Gesprächsabschluss fassen Sie das Wesentliche noch einmal zusammen und verbalisieren die getroffenen Vereinbarungen. Lassen Sie den Schüler zustimmen und eventuell auf dem Gesprächsprotokoll unterschreiben. Schließen Sie wertschätzend ab, z. B.: *„Ich finde, du hast dich aktiv in das Gespräch miteingebracht und siehst ein, dass du etwas an deinem Verhalten ändern musst. Ich freue mich über diese Kooperation und bin zuversichtlich, dass du bald Erfolge verzeichnen kannst. Wende dich gerne an mich, wenn du Hilfe bei der Umsetzung brauchst oder auf ein anderes Problem stößt."*

Vereinbaren Sie einen neuen Termin, falls nötig und geben Sie dem Partner einen zeitlichen Rahmen vor, sodass er um die Verbindlichkeit weiß.

Aktiv zuhören

90

Grund-regeln

Aktives Zuhören bedeutet, in der Lage zu sein, an unseren Mitmenschen derart Anteil zu nehmen, dass diese sich verstanden fühlen.: „[…] Dabei gelten einige Grundregeln, wenn Sie aktiv zuhören.

- Ich wende mich dem Gesprächspartner zu und zeige durch meine Körperhaltung Aufmerksamkeit und Interesse.
- Ich gebe ihm Zeit für seine Ausführungen und unterbreche ihn nicht.
- Ich stelle Fragen, die zum Verständnis wichtig sind.
- Ich nehme einen Perspektivwechsel vor, um klarer zu sehen.
- Ich höre auch auf versteckte Äußerungen.
- Ich verwende meine eigenen Worte, um seine Inhalte noch einmal zu wiederholen."

Paraphrasieren

Das aktive Zuhören erfordert Disziplin und Willenskraft von uns, weil wir häufig glauben, schon zu wissen, was unser Gegenüber sagen möchte. Je nachdem wie weitschweifig die Ausführungen unseres Partners sind, ist es nicht leicht, bei der Sache zu bleiben und das Wesentliche nicht zu überhören. Zum aktiven Zuhören gehört die Technik des Paraphrasierens. Dabei fasst der Zuhörer das Gesagte des Partners in seine eigenen Worte und wiederholt so den Inhalt. Damit zeigen wir, dass wir ihn verstanden haben und ihm unsere volle Aufmerksamkeit schenken, weil wir uns nicht unsere eigenen Argumente überlegen, während wir zuhören. Aktives Zuhören signalisiert, dass Sie ganz und gar für Ihr Gegenüber da sind und Sie nicht vorhaben, ihm Ihre vorgefertigten Gegenargumente rücksichtslos überzustülpen. Sie drücken damit Ihre Wertschätzung aus und geben Ihrem Partner Raum und Zeit für seine Bedürfnisse. Im Rahmen des aktiven Zuhörens dürfen Sie natürlich auch nachfragen, wenn Ihnen etwas unklar erscheint oder Sie sicher gehen wollen, dass Sie es richtig verstanden haben. Verbalisieren Sie die Gefühle, die Ihr Partner offensichtlich in sich trägt und drücken Sie auch Ihre Gefühle aus. Ebenso ist es gewünscht, dass Sie das Gesagte zusammenfassen, um zu zeigen, dass Sie zugehört haben und das Wesentliche verstanden haben. Dies ist besonders wirksam bei Ausführenden, die häufig den Faden verlieren. Damit bringen Sie den Inhalt auf den Punkt und sorgen dafür, dass das Gespräch vorangeht.

Um die Ecke gedacht

Anderen aktiv zuhören zu können, bringt für das zwischenmenschliche Miteinander große Gewinne. Es hilft uns, andere besser zu verstehen, weil wir tatsächlich hören, was sie sagen, ohne sofort einen Tipp oder eine eigene Erfahrung beizusteuern. Sie werden als angenehmer Gesprächspartner empfunden und die Bereitschaft beim Gegenüber, Ihnen ebenso viel Aufmerksamkeit zu schenken, wächst. Wenden Sie diese Technik so lange in jedem Gespräch an, bis Sie sich nicht mehr darauf konzentrieren müssen. Sie werden feststellen, dass es nicht mehr leicht zu Missverständnissen kommt und Sie viel zufriedener sind.

SOS-Tipp

Formulierungshilfen beim Paraphrasieren:

- „Sie sagen also, dass ..."
- „Ich höre, dass Sie ..."
- „Habe ich Sie richtig verstanden, dass ...?"
- „Ihnen ist also wichtig, dass ...?"
- „Sie haben das und das beobachtet und wollen deshalb, dass ..."
- „Du möchtest gerne, dass ..."
- „Sie sind der Meinung, dass ..."

91 Aussagen spiegeln

Das Spiegeln ist eine Gesprächstechnik, die das aktive Zuhören (Tipp 90) ergänzt. Diese beiden Techniken sind sehr eng miteinander verbunden und können als ergiebigste Elemente der Gesprächsführung gesehen werden.

› Tipp 90

Nach Carl Rogers nimmt ein Gesprächspartner beim Spiegeln die Perspektive des anderen ein und ‚spiegelt' das Verstandene zurück. Carl Rogers bezeichnet das Spiegeln „als den Versuch einer Person, auf Verhaltensweisen ihres Gesprächspartners so zu reagieren, dass sie seine Perspektive einnimmt und das Verstandene an ihn ‚zurückspiegelt'".

Die Technik des Spiegelns ist ein effizientes Mittel gegen Informationsverlust. Der Gesprächspartner fühlt sich wahrgenommen und verstanden und Sie synchronisieren mit diesem Zwischen-Check die Vorstellungen. Sie geben Ihrem Partner wieder, was Sie verstanden haben, bzw. was Sie glauben, verstanden zu haben. Dabei beschränken Sie sich nicht nur auf die Sachebene, wie Sie es beim Paraphrasieren tun (Paraphrasieren bedeutet, das Gehörte mit eigenen Worten wiedergeben). Spiegeln erfolgt in einer empathischen Grundhaltung (Tipp 26) und mit emotionaler Wärme. Die Kunst des Spiegelns liegt darin, etwas in Worte zu fassen, was Ihr Gegenüber nicht konkret ausspricht. Sie verhelfen ihm dazu, seine eigenen Gefühle, Einstellungen oder Wünsche klarer zu sehen und fördern mit dieser Technik die Bereitschaft bei Ihrem Partner, mehr über sich selbst herausfinden zu wollen. Hier ein Beispiel dazu:

› Tipp 26

A: *„Ich kann nicht mehr. Jeden Nachmittag sagt er, dass er keine Hausaufgabe habe und redet ansonsten nichts mit mir. Die Stimmung zu Hause ist unerträglich. Egal, was ich versuche, er lässt mich nicht an sich ran!"*

B: *„Sie fühlen sich verzweifelt und überfordert und wissen nicht weiter. Für eine Hilfe sind Sie dankbar."*

Konkret nachfragen

92

Wenn wir im Leben Dinge verstehen wollen, werden wir nachfragen müssen, um Antworten zu erhalten. Diese Antworten bringen uns weiter und klären uns auf. In einem Konfliktgespräch ist es von besonderer Wichtigkeit, dass Sie, vor allem bei Negativ-Äußerungen, ganz konkret nachfragen, um nichts falsch zu verstehen oder unpassend zu interpretieren. Mit der Technik des Nachfragens klären Sie ‚diffuse' Situationen, wenn die Arbeit z. B. durch Verallgemeinerungen, Vermutungen, Blockaden oder unklare Äußerungen erschwert wird. Sie wollen Ihr Gegenüber verstehen und müssen dazu sämtliche Behinderungen aus dem Weg räumen oder wenigstens bewusst machen. Das funktioniert, wenn Sie gezielt Fragen stellen und dadurch die Sackgasse öffnen und die Kommunikation weiterführen können.

Ihr Gegenüber verstehen

Gleich mal ausprobieren

Formulierungshilfen zur Technik ‚Nachfragen' (vgl. Köberlein 2012):

Der Gesprächspartner verwendet **unklare Begriffe**, wie z. B.: „Das ist *schlecht*." – „Diese Maßnahme war mir zu *aufwändig*." – „Die Nachhilfe ist zu *teuer*."

Sie fragen z. B. nach: „Was heißt ‚schlecht' für Sie?" – „Was bedeutet ‚aufwändig' genau für Sie?" – „ Was verstehen Sie unter ‚teuer' ganz konkret?"

Ihr Gesprächspartner greift häufig auf **Verallgemeinerungen** zurück, wie z. B.: „Das hat noch *nie* geklappt!" – „Das weiß doch jetzt schon *jeder*!" – „Es ist *immer* das Gleiche, es bleibt an mir hängen!"

Sie fragen z. B. nach: „Können Sie mir genau sagen, wann es in der Vergangenheit nicht geklappt hat?" – „Jeder? Wer weiß es nicht?" – „Beschreiben Sie mir bitte eine Situation aus der Vergangenheit, in der Sie verantwortlich waren."

Der Gesprächspartner stellt **Vermutungen** an, wie z. B.: *„Da macht der niemals mit!"*

Sie fragen z. B. nach: „Woher wissen Sie das?"

Ihr Partner verbalisiert eine **Blockade**, wie z.B.: *„Das können wir nicht machen!" – „Das bringt doch alles nichts!"*
Sie fragen z.B. nach: „Was würde passieren, wenn ...?" – „Angenommen, das Problem ist gelöst, was würden Sie anders machen?"

93 Ich-Botschaften senden

hohes Maß an Authentizität

In einem Konfliktgespräch entlasten Ich-Botschaften die aufgeheizte Atmosphäre dahingehend, dass Sie dem anderen mit Ihrer Aussage keinen Vorwurf machen, sondern vielmehr das eigene Erleben in den Mittelpunkt stellen. Solche Aussagen sind kaum bestreitbar, da Sie für sich und nicht für den anderen sprechen. Sie sorgen für ein hohes Maß an Authentizität und führen zu einer passiven Haltung im Konflikt (wirken also nicht angriffslustig). Betrachten Sie bitte die nachfolgenden Äußerungen und wägen Sie die jeweilige Wirkung auf den Gesprächspartner ab:
„Ich bin da anderer Meinung." – „Da haben Sie Unrecht!"
„Das sehe ich anders." – „Ihr Vorschlag ist Unsinn!"
„Das überrascht mich jetzt!" – „Sie und Ihre Vorschläge!"
Sicher sind wir uns einig, dass bei den Aussagen auf der rechten Seite, der Angesprochene sofort in den Angriffs- oder Verteidigungsmodus wechselt und sicher kein Interesse mehr an Ihrem Standpunkt hat. Die Aussagen auf der linken Seite hingegen lassen Platz für unterschiedliche Meinungen und fordern eher zum Nachfragen auf: *„Ach ja, welcher Meinung sind Sie?"* oder *„Wie sehen Sie die Sache denn?"* oder „*Was* überrascht Sie denn daran?" Damit bewirkt man bei seinem Partner Interesse für die eigene Sichtweise und das Gespräch hält an.

Gleich mal ausprobieren

Formulieren Sie folgende Du-/Sie-Botschaften in echte Ich-Botschaften um:
1. „Du bist nicht gut vorbereitet!"

2. „Sie haben das nicht ganz richtig erklärt!"
3. „Was bringt das Ganze eigentlich?"
4. „Du machst immer so eine Hektik!"
5. „Sie müssen sich mehr um Ihr Kind kümmern!"
6. „Du nimmst dir nie genügend Zeit für unsere Besprechung!"

Mögliche Lösungen:
1. „Ich lege Wert auf gute Vorbereitung."
2. „Ich kann Ihnen jetzt nicht ganz folgen."
3. „Ich sehe nicht, wohin das führen soll."
4. „Ich fühle mich gehetzt. Ich brauche mehr Ruhe."
5. „Ich glaube, Ihr Kind braucht Sie jetzt noch mehr als sonst."
6. „Ich wünsche mir genügend Zeit für unsere Besprechung."

Wenn Sie das Prinzip der Ich-Botschaft verstanden haben, können Sie damit noch einen Schritt weitergehen und die Botschaft erweitern. Mit der erweiterten Ich-Botschaft drücken Sie Ihr Gefühl (1) aus, thematisieren Sie das aktuelle Verhalten (2) und erklären Sie die Wirkung (3), die dieses Verhalten bei Ihnen auslöst. Sie sehen also, das ist eine komplexe Sache. Ich gebe Ihnen dazu ein Beispiel, das bei einem schwierigen Gespräch mit Eltern seine Anwendung finden könnte, wenn beide sich nach intensiver Diskussion plötzlich in eisiges Schweigen hüllen: *„Ich bin jetzt verunsichert (1), weil Sie beide nichts mehr gesagt haben (2) und ich daher nicht weiß, ob wir noch weiterdiskutieren sollen (3)?"*
Diese Technik erfordert einige Übung, ist im Rahmen der Intervention in einem Konfliktgespräch aber überaus wirksam. Üben lohnt sich also!

Gleich mal ausprobieren

Formulieren Sie jeweils eine erweiterte Ich-Botschaft für folgende Situationen:
1. Die Eltern eines Schülers sind wutentbrannt in Ihrer Sprechstunde aufgetaucht. Sie kommen ohne Umschweife und sehr geladen zum Punkt und nun herrscht eine beklemmende Stille im Zimmer.

2. Sie haben eine Familie (Eltern und Kind) zu einem Konfliktgespräch eingeladen. Die Atmosphäre ist aggressiv und Ihre Gesprächspartner fallen sich dauernd ins Wort und reden mehr und mehr durcheinander.

Mögliche Lösungen:
1. *„Ich bin jetzt total überfordert, weil ich Ihr Schweigen nach all den Vorwürfen nicht deuten kann und mir unklar ist, ob Sie überhaupt mit mir reden möchten, um zu einer Lösung zu kommen."*
2. *„Ich bin momentan sehr skeptisch, weil Sie sich jetzt immer gegenseitig ins Wort gefallen sind und wir auf diese Art zu keinem Kompromiss kommen."*

Mit Unterbrechungen durch den Partner umgehen

94

Manchen Gesprächspartnern fällt es sehr schwer, sich an die vereinbarten Gesprächsregeln zu halten, da sie z. B. das Thema ziemlich emotional macht. Andere hören sich einfach nur selbst gerne reden und verstehen die Kunst des Zuhörens nicht, deshalb fallen sie Ihnen immer wieder ins Wort. Sie als Profi können mit solchen Unterbrechungen folgendermaßen umgehen (vgl. Rogoll 1980):

Verhalten ignorieren

1. Bei gelegentlichen Unterbrechungen ohne Vorwürfe ignorieren Sie das Verhalten einfach.

weisen Sie zurecht

2. Sollte sich Ihr Partner als hartnäckiger Unterbrecher darstellen, weisen Sie ihn erst auf die vereinbarten Gesprächsregeln hin und erklären ihm, dass deren Einhaltung für Sie sehr wichtig ist, um ein Thema zielführend zu besprechen. Danach weisen Sie ihn z. B. mit folgenden Worten zurecht: *„Herr …, um ein konstruktives Gespräch führen zu können, in dem wir einen Kompromiss erreichen, haben wir Gesprächsregeln aufgestellt. Ich brauche meine Sprechzeit, ohne von Ihnen unterbrochen zu werden, weil ich sonst ständig meinen Faden verliere und wir uns im Kreis drehen."*
Gelingt es Ihnen nicht, Ihr Gegenüber zu erreichen, brechen Sie das Gespräch ab und vereinbaren einen neuen Termin.

3. Verhelfen Sie Ihrem Partner zu einem regulierten ‚Dampfablassen', wenn Sie spüren, dass er sehr aufgewühlt ist und sich nicht zurückhalten kann.

regulierteas ‚Dampfablassen'

„Dieser Punkt bewegt Sie anscheinend sehr. Lassen Sie uns einmal hier bleiben."

Wenn die Unterbrechungen schon mehr einem Vulkanausbruch gleichen, geben Sie dem Betroffenen Zeit, um sich zu befreien, sonst erreichen sie in einem solchen Gespräch nichts, das Sie beide weiterbringt.

‚Vulkanausbruch' zulassen

„Ich sehe, das bewegt Sie wirklich außerordentlich. Die nächsten fünf Minuten gehören ganz Ihnen. Sagen Sie mir alles, was wichtig ist."

Auf Beleidigungen reagieren

95

In einem Konfliktgespräch werden Sie immer wieder auf Partner stoßen, die ihre Aggression und ihre Wut nicht steuern können und Sie verbal beleidigen. Diese Personen halten sich nicht an Ihre Regeln, weil sie sich im Recht sehen und Ihnen endlich mal die Meinung sagen wollen. Hier ist es nun eine große Kunst, so mit solchen Gemeinheiten umzugehen, dass das Gespräch weitergeführt werden kann und Sie zu einem Kompromiss gelangen. Die Technik des aktiven und empathischen Zuhörens (Tipp 90) hilft Ihnen dabei ungemein. Sie verlangt Ihnen eine große Selbstdisziplin ab, schützt Sie andererseits aber auch. Konzentrieren Sie sich bei einem verbalen Angriff ganz besonders auf die Inhalte, die hinter den beleidigen Worten stehen und hören Sie damit die Bedürfnisse Ihres Angreifers. Das ist keine leichte Aufgabe, denn auch, wenn es um eine Sache geht (Tipp 8), spielt die Beziehung mit rein.

› Tipp 90

Bedürfnisse hören

› Tipp 8

A: *„Sie sind ja wirklich die unfähigste Lehrkraft, die mir je begegnet ist. Sie haben echt keine Ahnung, wie man mit Jugendlichen umgeht, Sie gehören ins Finanzamt, da passen Sie hin. Da könnten Sie die Menschen mit Kleinigkeiten schikanieren und Ihr Chef fände das wahrscheinlich auch noch gut!"*

B: „Puh, das ist harter Tobak! Ich bin wirklich erschüttert! Sie finden also, dass ich nicht angemessen mit jungen Menschen umgehen kann und dass ich sie mit unwichtigen Details schikaniere?"

Vorwurf spiegeln und konkretisieren

Sie spiegeln den Inhalt des Vorwurfs und sprechen über Ihre eigenen Gefühle. Sie können dann noch versuchen, den Angriff zu konkretisieren, indem Sie nachfragen:
„Können sie mir bitte einige konkrete Beispiele dazu aufführen, sodass ich besser verstehen kann, was Sie meinen?"
Damit bringen Sie den Inhalt von der Beziehungsebene auf die Sachebene und Ihr Gesprächspartner muss sich genau mit dem Inhalt auseinandersetzen und verstrickt sich nicht weiter in groben Verallgemeinerungen oder Pauschalurteilen.

Ich-Botschaften

› Tipp 93

Wenden Sie während des gesamten Verlaufs Ich-Botschaften (Tipp 93) an, um sicherzustellen, dass von Ihrer Seite kein Angriff zu hören ist, sondern um klarzustellen, dass Sie an einer Lösung interessiert sind. Sollten Ihre Strategien alle nicht greifen und Sie schaffen es nicht, Ihren Partner einzufangen, dann bleibt Ihnen nur, das Gespräch zu beenden und Ihr Gegenüber z. B. mit den folgenden Worten zu entlassen: *„In dieser Form fällt es mir schwer, das Gespräch weiterzuführen, weil ich einen gewissen gegenseitigen Respekt brauche und den können Sie mir zum jetzigen Zeitpunkt nicht entgegenbringen. Wenn Sie an einer Lösung interessiert sind, melden Sie sich bei mir, dann vereinbaren wir einen neuen Termin."*
Sie übertragen die Verantwortung auf die andere Partei, signalisieren aber gleichzeitig, dass Sie nach wie vor bereit sind zu einem erneuten Gespräch, allerdings unter gewissen Voraussetzungen.

Feedbacktechniken 96

In diesem Tipp möchte ich Ihnen zwei Feedbacktechniken vorstellen, die Ihnen helfen werden, Ihr Gegenüber zu verstehen.

Fakten, Folgen, Fragen

1. Die 3-F-Technik: Die drei Fs stehen für die Begriffe Fakten, Folgen und Fragen. Das heißt, Sie verbalisieren tatsächliche Inhalte (auch bei unsachgemäßen Äußerungen) oder Beobachtetes, also Fakten, ohne diese zu bewerten oder etwas dazu zu vermuten. Dann schildern Sie, was das für Sie bedeutet, was es bei Ihnen auslöst: „*... das macht mich unsicher...*" Anschließend fragen Sie den Angesprochenen, wie er das sieht: *„Was denken Sie, wenn Sie das hören?"*
Auf diese Art findet ein Austausch statt, der über die Sachebene hinausgeht und für Verständnis auf beiden Seiten sorgen kann.

2. Die 3-W-Technik: Die drei Ws stehen für die Begriffe Wahrnehmung, Wirkung und Wunsch.

Wahrnehmung, Wirkung, Wunsch

Die Wahrnehmung bezieht sich sowohl auf den auditiven, als auch auf den visuellen Bereich. Das heißt, es geht darum, was Sie im Gespräch bei Ihrem Partner hören und sehen und wird erweitert um das, was Sie spüren können. Beispiele dafür sind (vgl. Köberlein 2012): visuell → Partner runzelt häufig die Stirn, presst die Lippen zusammen, kommt mit dem Oberkörper weit nach vorne, wendet den Blick ab, während Sie sprechen, usw.;
auditiv → Partner schnauft heftig, unterbricht Sie mit Lauten wie *„Ha, lächerlich"*, klopft ungeduldig mit den Fingerspitzen auf den Tisch usw.
Mit der Wirkung ist gemeint, dass Sie sich erstens bewusst werden, welche Wirkung die gemachte Wahrnehmung bei Ihnen erzielt und Sie zweitens diese Wirkung verbalisieren.
a) *„Ich nehme wahr, dass Sie sehr unter Zeitdruck stehen und deshalb fühle ich mich gehetzt."*
b) *„Sie wirken sehr ungeduldig und das verleitet mich zu einer Hektik, die mich ungenau werden lässt."*

Dieser Verbalisierung folgt gleich im Anschluss ein Wunsch, also das dritte W der Technik, sodass der Partner versteht, was Sie brauchen.
a) „Um zu einer brauchbaren Lösung zu kommen, ist es wichtig für mich, dass wir genügend Zeit für ein produktives Gespräch haben. Ist es Ihnen zu einem anderen Zeitpunkt lieber?"
b) „Mir ist dieses Problem wirklich sehr wichtig und deshalb möchte ich mich den Ursachen und der Lösungsfindung genau widmen."

97 Umgang mit Killerphrasen

Unter „Killerphrasen" versteht man typische Aussagen, die die Ideenproduktion stoppen und einen gesamten Problemlösungsprozess abwürgen. Dazu gehören auch unsachgemäße Bewertungen von Ideen anderer. Hier einige Beispiele dazu:

- *„Da kann ja jeder kommen!"*
- *„Das ist doch allgemein bekannt!"*
- *„Das haben wir schon immer so gemacht!"*
- *„Das sehen Sie völlig falsch!"*
- *„Das ist doch gegen die Vorschriften!"*
- *„Das haben wir alles schon versucht!"*

Natürlich gibt es auch non-verbale Killerphrasen, wie z. B. das Verdrehen von Augen, die Hände vor das Gesicht schlagen, sich bewusst abwenden, provokatives Lachen und viele mehr. Die Verwendung von Killerphrasen hat in der Regel das Ziel, vom eigentlichen Thema abzulenken oder ein pauschales Urteil zu fällen. Vielen Menschen ist es schlicht zu anstrengend, sich intensiv mit einem Thema auseinanderzusetzen. Deshalb greifen sie bevorzugt auf Pauschalisierungen zurück.
Häufig ist es leider auch so, dass Menschen nichts Konkretes zu einem Thema wissen und deshalb auf „Wirtshausebene" argumentieren. Versuchen Sie stets, solche Äußerun-

gen zu ignorieren und antworten Sie prompt wieder auf der Sachebene. Bitten Sie Ihren Partner um eine präzisere Aussage oder stellen Sie gegebenenfalls eine Rückfrage. So thematisieren Sie die Killerphrase (Metakommunikation) und erreichen damit, dass Sie sowohl die verdeckten als auch die offenen Absichten Ihres Gegenübers verstehen.

Die 3-Punkt-Kommunikation 98

Die 3-Punkt-Kommunikation ist eine gelungene Strategie, um in einer Stresssituation von der Beziehungsebene auf die Sachebene zurückzukommen. In einem normalen Dialog findet eine sogenannte 2-Punkt-Kommunikation statt, da Sie Ihrem Gegenüber in die Augen sehen, während Sie sprechen. Bei Meinungsverschiedenheiten oder nicht erfüllten Bedürfnissen kann so ein Augenkontakt die Aggression verstärken und dazu führen, dass sich ein handfester Streit entwickelt. Sie können das umgehen, indem Sie den Blick Ihres Gegenübers auf einen 3. Punkt lenken (z. B. eine Schulaufgabe, Ihr Protokoll, das Fenster …), um den Augenkontakt zu unterbrechen. Wenn Sie nichts Greifbares haben, auf das Sie lenken können, dann drehen Sie sich um 90° weg und deuten auf Ihr Ohr: *„Ich bin ganz Ohr!“*, *„Ich möchte Ihnen genau zuhören können!“* Das nimmt unheimlich viel Druck und erleichtert es, bei einem erneuten Augenkontakt zu einer Wir-Lösung zu kommen.

Blick auf einen 3. Punkt lenken

Beispiel: *„Sie fühlen sich ungerecht behandelt und glauben, dass ich Ihr Kind strenger benote als die anderen. Bitte werfen Sie mit mir einen Blick auf diesen Test (3. Punkt). Gehen wir einmal gemeinsam die Punkteverteilung durch.“*

SOS-Tipp

Manchmal reicht es schon, wenn Sie ein Fenster öffnen oder sich ein Taschentuch aus der Tasche holen, um den Blick für einen Moment zu trennen. Verbalisieren Sie dabei, was Sie tun wollen, sodass Ihr Partner sich nicht missachtet fühlt. *„Stört es Sie, wenn ich kurz das Fenster öffne?", „Entschuldigen Sie bitte, ich brauche nur eben ein Taschentuch."* Dann greifen Sie das Thema sachlich wieder auf und führen weiter im Gespräch.

99 Die gewaltfreie Kommunikation

Laut Friedrich Glasl ist die gewaltfreie Kommunikation von Marshall B. Rosenberg die Grundlage für die direkte Auseinandersetzung von Mensch zu Mensch. Sie ermöglicht uns durch Achtsamkeit, ein bejahendes Selbstbild und Offenheit für die Bedürfnisse anderer Menschen, Konfliktsituationen zu bewältigen und sogar davon zu profitieren.

vier Komponenten gewaltfreier Kommunikation

Die vier Komponenten der gewaltfreien Kommunikation (GFK) sind:

1. Beobachtungen (wir beobachten etwas, ohne es zu bewerten)
2. Gefühle (wie fühlen wir uns, wenn wir das beobachten?)
3. Bedürfnisse (welches Bedürfnis steht hinter dem Gefühl)
4. Bitten (was brauchen wir von anderen, das sie tun)

Diese vier Informationsteile sprechen wir klar an oder aus und genauso nehmen wir diese vier Teile von unserem Gesprächspartner auf. Das heißt, wir wollen uns mithilfe der vier genannten Komponenten ehrlich ausdrücken und auch empathisch zuhören (vgl. Rosenberg 2013).
Die GFK ist eine komplexe Methode oder vielmehr eine Grundeinstellung, die eine Veränderung in Ihnen selbst und im Umgang mit Ihren Mitmenschen bewirken kann.

Literaturhinweise

Benien, Karl (2010): Schwierige Gespräche führen, Modelle für Beratungs-, Kritik- und Konfliktgespräche im Berufsalltag. Reinbek bei Hamburg

Glasl, Friedrich (2004): Konfliktmanagement – Ein Handbuch für Führungskräfte, Beraterinnen und Berater. Bern

Haag, Ludwig / Streber, Doris: Auf die Klassenführung kommt es an. In: schulmagazin 5–10, 1, 2014

Harris, T. A. (1975): Ich bin o.k. – du bist o.k.: Wie wir selbst besser verstehen und unsere Einstellung verändern können – eine Einführung in die Transaktionsanalyse. Reinbek bei Hamburg

Köberlein Oskar (2012): Konfliktmoderation. Akademie für Lehrerbildung, Dillingen

Ljubas, Ana / Hornung, Antja (2007): Kommunikation als Grundlage von Beratung und Zusammenarbeit, Lehrstuhl Psychologie Prof. Dr. H. Lukesch, Uni Regensburg

Nolting, Hans Peter (2012): Störungen in der Schulkasse: ein Leitfaden zur Vorbeugung und Konfliktlösung. Weinheim

Rogoll, Rüdiger (1980): Werde, der du werden kannst. Freiburg

Rosenberg, Marshall B. (2013): Gewaltfreie Kommunikation, Eine Sprache des Lebens. Paderborn

Schulz von Thun, Friedemann (2014): Miteinander Reden 1.–2. Reinbek bei Hamburg

Schulz von Thun, Friedemann (2011): Miteinander Reden 3, Reinbek bei Hamburg

Schulz von Thun, Friedemann / Stegemann, Wibke (2010): Das innere Team in Aktion. Praktische Arbeit mit dem Modell. Reinbek bei Hamburg

Register

(Die Verweise beziehen sich auf die jeweiligen Tipp-Nummern.)

L

M

N

O

P

R

S

T

U

V

W

Z